다니자키 준이치로 산문선

그늘에 대하여

陰翳禮讚

일러두기

1. 이 책은 다니자키 준이치로의 《陰翳禮讚》(中公文庫, 1995)을 옮긴 것입니다.
2. 각주는 옮긴이가 독자의 이해를 돕기 위해 필요에 따라 넣은 것입니다.
3. 책은 《 》, 신문·그림·논문 등은 〈 〉로 표기했습니다.
4. 인명, 지명 등 외래어 고유명사는 외래어표기법에 따라서 표기했습니다.

●

IN'EI RAISAN by TANIZAKI Jun'ichiro
Copyright©1993 KANZE Emiko All rights reserved.
Originally published in Japan, Tokyo.
Korean translation Copyright©2005 by nulwa Co., Ltd.
Korean translation rights arranged with CHUOKORON-SHINSHA, INC.,
Japan through THE SAKAI AGENCY and BESTUN KOREA AGENCY.

이 책의 한국어판 저작권은 일본의 사카이 에이전시와 베스툰 코리아 에이전시를 통해 일본 저작권자와 독점 계약한 '눌와'에 있습니다. 저작권법에 의해 한국 내에서 보호를 받는 저작물이므로 무단전재나 복제, 광전자 매체 수록 등을 금합니다.

다니자키 준이치로 산문선

그늘에 대하여
陰翳禮讚

눌와

다니자키 준이치로 지음
고운기 옮김

6
그늘에 대하여

68
게으름을 말한다

94
연애와 색정

144
손님을 싫어함

160
여행

194
뒷간

206
옮긴이의 글

그늘에 대하여

•

〈그늘에 대하여〉의 원제는 '음예예찬陰翳禮讚'이다.
'음예'는 그늘인 듯한데 그늘도 아니고,
그림자인 듯한데 그림자도 아닌 거무스름한 모습이다.
그러나 글을 옮기면서 일단 '그늘'이라 하기로 한다.

●

오늘날 건축 취미를 가진 사람이 순수한 일본풍의 집을 지어 살려고 하면, 전기나 가스나 수도 등을 가설하는 위치에 대해 고심을 하게 되는데, 어떻든 이 설비들이 일본 다다미방과 조화를 이루도록 머리를 짜내는 것은, 스스로 집을 지어 본 경험이 없는 사람이라도, 고급 요릿집, 여관 같은 곳의 다다미방에 들어가 보면 언제든지 엿볼 수 있을 것이다. 고집스런 다도가茶道家 같은 사람들이 과학 문명의 은택을 도외시하고, 궁벽한 시골에 초가집을 마련한다면 몰라도, 상당수의 가족을 거느리고 도시에 거주하는 이상, 아무리 그 집을 전통식으로 한다 해도 현대 생활에 필요한 난방이나 조명이나 위생설비를 물리칠 수는 없다. 그래도 고집스런 사람은 전화 하나 다는 것에도 신경을 곤두세우고, 계단 안쪽이나 복도의 끝과 같은 될 수 있는 대로 눈에 거슬리지 않는 장소로 가지고 간다. 그밖에 정원에 있는 전선은 지하로 설치하고, 방의 스위치는 선반 아래나 작은 벽장 속으로 감추고, 코드는 병풍 뒤로 뻗게 하는 등, 여러 가지 생각을 한 나머지 어떤 것은 신경질에 작위가 지나쳐서, 도리어 호들갑스럽게 느껴지는 경우도 있다. 실제로 전등 같은 것은 우리 눈에 익숙해져서 아무렇지도 않게 되었기 때문에, 공연한 일을 하기보다는 예전처럼 우윳빛 유리의 옅은 전등갓을 씌워, 알을 드러내 보이게 놔두는 편이 자연스럽고 소박한 느낌이 든다. 저물 무렵, 기차의 창을 통해 시골 풍경을 바라볼 때, 짚으로 덮인 일반 농가의 장지 속에, 이제는 시대에 뒤떨어진 저 옅은 전등갓을 씌운 전구가 휑하니 켜져 있는 것을 보자면, 그것이 풍류라는 생각마저 든다. 그러나 선풍기 같은 것은 그 소리나 형태에 있어서 아직도 다다미방과는 조화시키기가 어렵다. 그것도 일반 가정이라면 쓰지 않아도 되지만, 여름철 장사를 하는 곳에서는 주인의 취미만을 고집할 수 없다. 내 친구인 [1]가이라쿠엔의 주인은 건축에 매우 고집을 부리는 사람인데, 선풍기를 싫어해서 오랫동안 객실에 달지 않고 있었는데, 매년 여름이 되면 손님들로부터 불평이 쏟아져 결국 고집을 꺾어 사용하게 되고 말았다. 이렇게 말하는 나도, 지난해 신분에 맞지 않는 큰돈을 들여 집을 짓던 때, 이와 비슷한 경험을 가지고 있는데, 자잘한 문이나 세간의 사소한 것까지 여러 가지 어려움에 맞닥뜨렸다. 예를 들어 장지 하나만 보더라도, 취향대로라면 유리를 끼우지 않았겠지만, 그렇다고 해서 철저히 종이만 쓰자고 한다면 채광이나 문 단속 등에 지장을 받게 된다. 어쩔 수 없이 안쪽은 종이를 붙이고 바깥쪽은 유리로 하게 되었다. 그렇게 하기 위해서는 안과 밖의 문살을 이중으로 할 필요가 있었고, 따라서 비용도 많이 들었지만, 막상 그렇게 해도 밖에서 보면 단순한 유리문이고, 안에서 보면 종이 뒤에 유리

---

[1] 가이라쿠엔偕樂園은 중국 식당 이름이다.

가 있기 때문에, 진짜 종이장지와 같은 푹신푹신한 포근함이 없고 실망스런 맛을 내기가 쉽다. 그제야 이 정도라면 단순한 유리문으로 하는 게 좋았을 걸 하고 후회하지만, 다른 사람의 경우는 웃어넘겨도, 나의 경우는, 거기까지 해보지 않고는 좀체 단념하기가 어려웠던 것이다. 최근에는 전등기구로 호롱식, 초롱식, 팔방식, 촛대식 등 다다미방에 어울리는 것이 다양하게 팔리고 있는데, 그래도 나는 마음에 들지 않아서, 옛날의 석유램프나 [2]아리아케 사방등이나 [3]베개 사방등을 고물상에서 찾아내, 거기에 전구를 끼어 넣는다든지 했다. 그 가운데서도 특히 고심했던 것은 난방의 설계였다. 왜냐하면 스토브라는 이름이 붙은 것 중에 다다미방과 조화를 이룰 만한 모양을 가진 것은 하나도 없기 때문이다. 게다가 가스스토브는 활활 타는 소리가 나고, 또 연통이 붙어 있지 않은 것은 금방 두통이 몰려와서, 그런 점에서는 이상적이라고 할 전기스토브라 할지라도, 모양이 재미없는 점은 마찬가지이다. 전차에서 쓰고 있는 그런 히터를 작은 벽장 속에 붙이는 것도 하나의 방책이지만, 역시 빨간 불이 보이지 않으면 겨울다운 기분이 나지 않고, 가족이 단란하게 지내는 데에도 불편하다. 나는 여러 가지 지혜를 짜서 농가에 있는 큰 화로를 만들고, 그 안에 전기탄을 넣어 보았는데, 이것은 물을 데우는 데도 방을 따뜻하게 하는 데도 알맞

[2] 밤새 켜놓는 등을 아리아케有明 사방등이라고 한다.

[3] 베개 맡에 두는 등을 베개 사방등이라고 한다.

고, 비용이 많이 든다는 점을 빼면, 겉모양으로서는 먼저 성공적인 것이었다. 그렇게 하여 난방 문제는 교묘히 헤쳐 나갔지만, 다음으로 곤란한 것은 욕실과 화장실이었다. 가이라쿠엔의 주인은 욕조나 때 미는 곳에 타일 붙이는 것을 싫어하여, 손님용 목욕탕은 모두 나무로 만들었는데, 경제적으로나 실용적인 면에서는 타일 쪽이 훨씬 뛰어나다는 것은 말할 필요도 없다. 다만 천장, 기둥, 벽에 붙인 널빤지 부분에 훌륭한 일본 목재를 사용할 경우, 어느 한 부분만 저 현란한 타일로 하면 아무래도 전체와는 잘 어울리지 않는다. 갓 지은 집은 아직 괜찮지만, 몇 년이 지나 기둥에 나뭇결 본래의 맛이 나올 때쯤, 타일만이 하얗게 반들반들 빛나고 있다면, 그것이야말로 나무에 대나무를 이은 것과 같다. 그래도 욕실은 취향을 위해 실용적인 면을 어느 정도 희생하여도 되지만, 화장실은 한층 더 귀찮은 문제가 발생하게 된다.

●

나는 교토京都나 나라奈良의 사원에 가서, 고풍스럽게 어둑어둑한 그러면서도 깨끗이 청소된 변소로 안내될 때마다, 정말로 일본 건축의 고마움을 느낀다. 다실도 좋기는 하지만, 일본의 변소는 참으로 정신이 편안해지도록 만들어져 있다. 그것들은 반드시 안채에서 떨어져, 신록의 냄새나 이끼 냄새가 나는 듯한 수풀 그늘에 마련되어 있고, 복도를 지나서 가게 되는데, 그 어둑어둑한 광선 속에 웅크리고 앉아, 희미하게 빛나는 장지의 반사를 받으면서 명상에 잠기고, 또는 창밖 정원의 경치를 바라보는 기분은 뭐라 말할 수 없다. [4]나쓰메 소세키 선생은 매일 아침 변을 보러 가는 것을 하나의 즐거움으로 꼽고, 그것은 차라리 생물학적 쾌감이라 말했다는데, 그 쾌감을 맛보는 이외에도 한적한 벽과 청초한 나뭇결에 둘러싸여, 푸른 하늘이나 신록의 색을 볼 수 있는 곳은 일본의 변소만큼 알맞은 장소가 없다. 그리고 그곳에는, 거듭 말하지만, 어느 정도의 옅은 어두움과, 철저히 청결한 것과, 모기 소리조차 들릴 듯한 고요함이 필수 조건인 것이다. 나는 그런 변소에서 부슬부슬 내리는 빗소리 듣는 것을 좋아한다. 특히 간토關東의 변소에는 벽면 맨 밑바닥에 길고 가는 창문이 붙어 있어, 처마 끝이나 나뭇잎에서 방울방울 떨어지는 물방울이, 석등의 지붕을 씻고 징검돌의 이끼를 적시면서 땅에 스며드는 촉촉한 소리를 한결 실감나게 들을 수 있다. 실로 변소는 벌레 소리에 새소리에 잘, 달밤에도 또 어울리게, 사계절의 때마다 사물이 드러내는 것을 맛보는 데 가장 적당한 장소이고, 아마도 예로부터 시인은 이곳에서 무수한 소재를 얻

[4]
나쓰메 소세키夏目漱石 1867-1916, 소설가이자 영문학자로 《도련님》을 비롯하여 《산시로》, 《마음》, 《나는 고양이로소이다》, 《풀베개》, 《개양귀비》 등 다수의 작품이 있다.

다니자키는 소세키를 스승으로 여겨 이 글에서는 '선생'이라는 극존칭을 사용하고 있다.

었을 것이다. 그렇다면 일본 건축 중에서 가장 운치 있게 만들어져 있는 것은 변소라고 말하지 않을 수 없다. 모든 것을 시적으로 표현하고 마는 우리 선조는, 주택 중에서 무엇보다도 불결하다고 해야 할 장소를, 도리어 아담한 정취 있는 장소로 바꾸고 화조풍월花鳥風月과 결부해, 그리운 상상 속에 빠지도록 하였다. 이것을 서양인은 덮어놓고 불결하다고 여겨, 대중 앞에서 말하기조차 꺼려 하는 데 비해, 우리들은 훨씬 현명하고 정말로 단아한 풍취의 골수를 얻고 있다. 구태여 결점을 말한다면, 본채에서 떨어져 있기 때문에 밤중에 다니기 불편하고, 겨울에는 특히 감기에 걸릴 염려가 있다는 것일지라도, "풍류는 추운 것이다"라고 한 [5]사이토 료쿠의 말과 같이, 그런 장소는 바깥 공기처럼 싸늘한 편이 기분 좋다. 호텔의 서양식 화장실에서 스팀 같은 온기가 나오는 것은 정말로 싫다. 그런데 특이한 다실茶室을 좋아하는 사람은 누구나 이런 일본식 변소를 이상으로 삼겠지만, 사원처럼 집의 넓이에 비해 사람 수가 적고, 게다가 청소할 손이 갖추어져 있다면 괜찮아도, 보통의 주택에서 그런 식으로 청결을 유지하기란 쉽지 않다. 더구나 마루를 판자나 다다미로 하면, 예의범절을 까다롭게 하고, 걸레질을 열심히 해도 곧 더러운 데가 눈에 띄는 것이다. 그래서 결국은 타일을 붙이고 수세식 탱크나 변기를 붙여 정화장치를 하는 것이 위

5
사이토 료쿠齊藤綠雨
1867-1904, 메이지 시대의
소설가이자 평론가이다.

생적도 하고 번거로움을 없앨 수 있다지만, 그 대신 '단아한 풍취'나 '화조풍월'과는 완전히 인연이 멀어져 버린다. 거기가 그런 식으로 두드러지게 밝고 게다가 사방이 새하얀 벽에서는, 소세키 선생의 이른바 생리적 쾌감을 마음껏 향락할 기분이 들기란 어렵다. 역시 구석구석까지 순백으로 보이기 때문에 확실히 청결하기로야 틀림없지만, 자기 몸에서 나오는 것이 떨어지는 지점에 대해서는 그렇게까지 생각하지 않는다. 아무리 미인의 옥 같은 피부라도 엉덩이나 발을 남들 앞에 보이면 실례인 것과 마찬가지로, 저렇게 대놓고 밝게 하는 것은 심하게 말하자면 무례천만으로, 보이는 부분만 청결할 뿐 보이지 않는 부분을 자연스레 떠올리게끔 한다. 역시 그런 장소는 어스름한 어둠의 광선에 둘러싸여, 어디가 청정하고 어디가 불결한지, 구별을 몽롱하게 놔두는 편이 낫다. 그런 까닭에 나도 내 집을 지을 때, 정화장치는 했지만 타일만은 일체 쓰지 않고, 마루에는 긴 널빤지를 깔아서 전통 가옥의 느낌이 나도록 해보았는데, 그러자 곤란한 것이 변기였다. 그것은 아는 바와 같이, 모두 새하얀 자기로 만들어져 있고, 반짝반짝 빛나는 금속제 손잡이가 붙어 있다. 원래 내가 주문하기로는, 변기는 남자용도 여자용도 나무로 만든 것이 가장 좋다. 왁스를 칠한 것이 가장 적당하지만, 칠하지 않은 나무라도, 세월이 흐르는 동안에 적당히 거무스름해져서, 나뭇결이 매력을 가지게 되고, 이상하게도 신경을 차분하게 만든다. 특히 나무로 만든 남자 변기에 온통 푸른 삼나무 잎을 채워 넣은 것은, 눈이 시원할 뿐만 아니라 조그만 소리도 나지 않는다는 점에서 이상적이다. 나는 그런 사치스러운 흉내는 낼 수 없어도, 모처럼 나의 기호에 맞는 변기를 만들고, 거기에 수세식을 응용해 보고 싶었던 것인데, 그런 것을 특별히 주문하면 상당한 시간과 비용이 들기 때문에 그만둘 수밖에 없었다. 그리고 그때 느낀 것은, 조명이든 난방이든 변기든, 문명의 이기를 받아들이는 것에, 물론 이의는 없지만, 왜 좀더 우리의 습관이나 취미생활을 중시하여, 그것에 순응하도록 개량을 더하지 않는 것일까, 하는 점이었다.

●

이미 사방등 형태의 전등이 세상에 나오게 된 것은, 우리가 한때 잊고 있었던 '종이'라는 것이 가지는 부드러움과 따뜻함에 다시 눈 뜬 결과이고, 그쪽이 유리보다도 일본 가옥에 알맞다는 것을 받아들인 증거인데, 변기나 스토브는 지금까지도 잘 조화될 듯한 형태의 물건이 나오지 않고 있다. 난방은 내가 시험했듯이 화로 속에 전기탄을 집어

넣은 것이 가장 좋다 생각되지만, 이렇게 간단한 궁리조차 하려고 하는 사람이 없고, (빈약한 전기화로라는 것은 있지만, 그것은 난방용이기보다는 보통의 화로와 같다) 만들어 놓은 물건이라곤 모두 어울리지 않는 서양식 난로뿐이다. 그렇지만 이러한 사소한 의식주의 취미에 관해서 이러쿵저러쿵 마음을 쓰는 것은 사치스럽다. 추위나 더위, 굶주림을 참고 견디기에 족하다면, 모양 따위는 문제 삼을 바 아니라고 말할 사람도 있으리라. 사실 아무리 오기를 부려 보아도 '눈 내리는 날은 춥기 때문에' 눈앞에 편리한 기구가 있으면, 풍류 비풍류를 논할 틈도 없이, 도도하게 그 은택을 입을 마음이 이는 것은 어쩔 수 없는 추세라 할지라도, 나는 그것을 보면서도, 만약 동양에 서양과는 전연 별개의 독자적인 과학문명이 발달했다면, 우리 사회의 모양새가 오늘과는 다른 것이 되어 있을까, 그런 점을 늘 생각하게 되는 것이다. 예컨대 우리가 우리의 독자적인 물리학과 화학을 가지고 있었다면, 그것을 바탕으로 한 기술이나 공업 또한 저절로 다른 형태의 발전을 이루고, 날마다 쓰는 여러 기계이든 약품이든 공예품이든, 더욱 우리의 국민성에 맞아떨어지는 물건이 태어나지는 않았을까. 아니 어쩌면 물리학이나 화학 그 자체의 원리조차도 서양인의 견해와는 다르고, 광선이나 전기나 원자의 본질과 성능에 관해서도, 지금 우리가 배우고 있는 것과는 다른 모습을 드러내고 있었을지도 모른다고 생각된다. 나는 그러한 학문의 이론이나 원리는 모르기 때문에, 다만 어렴풋이 그런 상상을 드러낼 뿐이지만, 그러나 적어도 실용 분야의 발명이 독창적으로 연구되었다면 의식주 양식은 물론이고, 나아가서는 우리의 정치나 종교나 예술이나 실업 등의 형태에도 광범한 영향을 끼치지 않을 리 없고, 동양은 동양으로서 별개의 천지를 열어 나갔으리라는 점은 쉽게 추측할 수 있는 것이다. 비근한 예를 들어 본다면, 나는 일찍이 〈분게이슌쥬文藝春秋〉에 만년필과 붓을 비교하여 썼는데, 만약 만년필이라는 것을 옛날 일본인이나 중국인이 고안하였다고 한다면, 반드시 끝을 펜으로 하지 않고 붓으로 하였을 것이다. 그리고 잉크도 저런 파란색이 아니라 먹물에 가까운 액체로 하고, 그것이 축에서 털 쪽으로 스며 나오도록 연구했을 것이다. 그렇다면 종이도 서양 종이와 같은 것은 불편하니까, 대량생산으로 제조한다 해도, 일본 종이와 비슷한 지질인, [6]개량반지 같은 것이 본디부터 요구되었을 것이다. 종이나 먹물이나 붓이 그런 식으로 발전했다면, 펜이나 잉크가 오늘날처럼 유행하지 않았을 것이고, 따라서 또 로마자 따위가 폭을 넓히는 일도 불가능하며, 한자나 [7]가나 문자에 대한 일반인들의 애착도 강했을 것이다. 아니, 그뿐만 아닌, 우리의 사상이나 문학조차, 이렇게까지 서

6
개량반지改良半紙는 삼지닥나무의 껍질을 바래서 뜬 일본 종이로, 종래의 것에 비하여 빛깔이 희며 바탕이 곱고 얇다.

7
가나假名 문자는 일본 문자 히라가나와 가타가나로 처음에는 아녀자들이 주로 사용하였다.

양을 모방하지 않고, 훨씬 독창적인 신천지로 파고들어 갔을지도 모른다. 이렇게 생각하면, 사소한 문방구이지만, 그 영향이 미치는 바는 광대무변廣大無邊하게 큰 것이다.

•

　이러한 생각을 하는 것은 소설가의 공상일 뿐, 벌써 오늘날처럼 되어 버린 이상, 이제 제자리로 돌아가 다시 시작할 수 없다는 것을 알고 있다. 그러므로 내가 말하는 것이, 이제 와서 불가능한 일을 바라고 푸념을 늘어놓는 데 지나지 않지만, 푸념은 푸념대로, 어쨌든 우리가 서양인에 비하여 어느 정도 손해를 입고 있는지 하는 점은 생각해 볼 만한 일이다. 결국 한마디로 말한다면, 서양은 당연하고 순조로운 방향으로 와서 오늘에 도달한 것이고, 우리들은 우수한 문명에 맞닥뜨려서 그것을 받아들일 수밖에 없었던 대신에, 과거 수천 년 동안 발전하여 온 진로와는 다른 방향으로 걸어 나가게 되면서, 거기서부터 여러 가지 고장이나 불편이 생겨났다고 생각된다. 하긴 우리들이 방심하고 있었다면, 오백 년 전이나 지금이나 물질적으로는 큰 진전을 이루지 못하였을지도 모른다. 요즘에 중국이나 인도의 시골에 가보면, 석가나 공자의 시대와 별반 다르지 않은 생활을 하고 있는 것 같다. 그러나 그렇다고 해도 자신들의 생활에 맞는 방향만은 취하고 있는 것 같다. 그리고 완만하기는 하지만 어느 정도 진보를 계속하여, 언젠가는 오늘날의 전차나 비행기나 라디오를 대신하는 것, 그것은 다른 사람에게서 빌린 것이 아닌, 정말로 자신들에게 맞는 문명의 이기를 발견하는 날이 오지 않으리라고는 단정 지을 수 없다. 요컨대 영화를 보아도, 미국 작품과 프랑스나 독일의 작품과는 [8]그늘이나 색조를 배합하는 수법이 다르다. 연기나 각색은 별도로 하고 영사 화면만 보더라도 어딘가 국민성의 차이가 나타난다. 동일한 기계나 약품이나 필름을 쓴다 해도 역시 차이가 드러나기에, 우리 고유의 사진술이 있다면, 얼마나 우리의 피부나 용모나 기후 풍토에 적합한 것이었을까 생각한다. 축음기나 라디오도 만약 우리가 발명했다면, 훨씬 우리의 소리나 음악의 특징을 살릴 수 있는 물건이 나왔으리라. 원래 우리의 음악은 조심스러우며 소극적인 것이고 기분을 중시하기 때문에, 음반으로 듣는다든지 확성기로 크게 한다든지 하면 거지반 매력을 잃게 된다. 화술 또한 우리들은 소리가 작고 말수가 적어, 무엇보다도 '사이'가 중요한 것인데, 기계에 걸면 '사이'는 완전히 죽어 버린다. 그래서 우리는 기계에 영합할 수 있게, 도리어 우리의 예술 자체를 왜곡해 간

---

[8] 원문에서는 '음예陰翳'이다.
여기서는 '그늘'로 옮겼다.

다. 서양인에게는 원래 그들 사이에서 발달시킨 기계이기 때문에, 그들의 예술에 맞도록 만들어져 있는 것은 당연하다. 그런 점에서 우리들은 실로 여러 가지 손해를 입고 있다고 생각된다.

●

  종이라는 물건은 중국인이 발명했다고 들었는데, 서양 종이를 대하면 단순한 실용품이라는 것 이외에 아무런 느낌도 일어나지 않지만, [9]당지나 일본지의 결을 보면 거기서 일종의 따스함을 느끼고 마음이 안정된다. 같은 흰 종이라도 서양 종이의 흰색과 [10]봉서지나 [11]백당지의 흰색은 다르다. 서양 종이의 겉은 광선을 되튕기는 듯한 맛이 나는데, 봉서지나 당지의 겉은 포근한 첫눈의 표면처럼, 몽실몽실하게 광선을 안으로 빨아들인다. 그리고 손에 와 닿는 감촉이 보들보들하고 접어도 소리가 나지 않는다. 그것은 나뭇잎을 만지고 있는 것과 같이 차분하고 촉촉하다. 본디 우리는 반짝반짝 빛나는 것을 보면 마음이 차분해지지 않는다. 서양인은 그릇도 은이나 철강이나 니켈로 만든 재료를 써서, 반짝반짝 빛나도록 마구 윤을 내는데, 우리는 그런 식으로 빛나는 것을 싫어한다. 우리 쪽에서도 물 끓이는 주전자나 술

---

[9] 당지唐紙는 닥나무와 대나무를 주 원료로 만든 종이로 순백색이며 매끄럽다.

[10] 봉서지奉書紙는 닥나무로 만든 두껍고 흰 고급 종이이다.

[11] 백당지白唐紙는 당지의 한 종류이다.

잔이나 술병 등에 은제품을 쓰는 일이 있다 하나, 저런 식으로 마구 윤을 내지는 않는다. 오히려 표면의 광택을 없애고, 시대에 따라 검게 구워지는 것을 좋아하여, 소양이 없는 하녀가 모처럼 녹이 슨 은그릇을 윤이 나게 닦거나 하여, 주인에게 꾸중 듣는 일이 있는 것은 어느 가정에서나 일어나는 사건이다. 근래 중국 요리를 담는 음식 그릇은 보통 주석으로 만든 것이 쓰이고 있는데, 아마 중국인은 그것이 고색古色을 띠게 되는 것을 사랑하는 까닭이리라. 새것일 때는 알루미늄과 비슷하여 그다지 느낌이 좋지 않지만, 중국인이 사용하다 보면 그런 식으로 세월이 묻어 우아한 맛이 드는 물건이 되어 버린다. 그리고 그 표면에 시구 등이 새겨져 있는 것도 겉이 검어지면서 잘 어울리게 된다. 결국 중국인의 손이 닿으면, 경박스럽고 반짝이는 주석이라는 경금속이, 붉은 진흙처럼 깊이가 있는, 가라앉은, 무거운 물질이 되는 것이다. 중국인은 또한 옥이라는 돌을 사랑하는데, 저 묘하게 살짝 흐린 느낌이 드는, 몇 백 년의 오래된 공기가 하나로 뭉친 듯한, 속까지 거슴츠레하게 둔탁한 빛을 머금은 돌의 딱딱함에 매력을 느끼는 것은 우리 동양인만이 아니겠는가. 루비나 에메랄드와 같은 색채가 있는 것도 아니고, 금강석과 같은 광채가 있는 것도 아닌 저런 돌의 어디에 애착을 보이는 것인지, 우리들로서도 잘 알지 못하겠지만, 그러나 그 흐린 표면을 보면 정말이지 중국의 돌다운 느낌이 들고, 오랜 과거를 가진 중국 문명의 앙금이 저 두툼한 어떤 흐릿함 속에 퇴적되어 있는 것처럼 생각되어, 중국인이 저러한 색채나 물질을 선호하는 것이 이상하지 않다는 것만은 끄덕여진다. 수정 같은 것도, 요즈음은 칠레에서 많이 수입되는데, 우리의 수정과 견주면, 칠레산은 너무 깨끗하고 지나치게 투명하다. 옛날부터 있는 [12]고슈수정은, 투명하면서도 전체가 희미하게 흐릿하여서 좀더 무게가 나가는 느낌이 들고, 풀 들인 수정이라고 하여, 속에 불투명한 고형물이 한데 섞인 것을 오히려 우리는 좋아하는 것이다. 유리조차도 중국인의 손으로 만든 [13]건륭유리라는 것은 유리라기보다는 옥이나 마노에 가깝지 않았을까. 유리를 제조하는 기술은 일찍부터 동양에 알려져 있었으면서도, 그것이 서양처럼 발달하지 못한 채, 끝내 도자기 쪽이 진보한 것은 우리의 국민성과 상당히 관계있음에 틀림없다. 우리들이 한결같이 빛나는 것을 싫어한다는 것은 아니지만, 옅게 선명한 것보다도, 가라앉아 그늘진 것을 더 좋아한다. 그것은 천연의 돌이든 인공의 도구이든, 반드시 세월의 손때를 연상시키는 듯한 흐릿함을 띤 빛인 것이다. 중국에 '쇼우쩌手澤'라는 말이 있고, 일본에 '나레慣'라는 말이 있는 것은, 오랜 세월 동안에 사람이 손으로 만져서, 한군데를 반들반들 문지른 데다, 자연적

12
고슈甲州는 야마나시山梨현의 옛 이름이며, 수정 산지로 유명하다.

13
건륭유리는 청나라 건륭乾隆 시대 때 만들어진 궁정용 유리 세공품으로, 이때의 것이 가장 우수하여 붙여진 이름이다.

으로 기름이 스며들도록 된 광택을 이르는 것으로, 바꿔 말하면 손때임에 틀림없다. 이로 미루어 본다면 '풍류는 추운 것'인 동시에 '때 묻은 것'이라는 경구도 성립한다. 어쨌든 우리들이 좋아하는 '아치^{雅致}'라는 것 속에는 어느 정도 불결한 동시에 비위생적인 분자가 있는 것을 부정할 수 없다. 서양인은 때를 송두리째 벗겨내 없애려고 하는 데 반해, 동양인은 그것을 소중히 보존하여 그대로 미화한다고, 좀 억지를 부리는 바이지만, 숙명적으로 우리는 인간의 때나 그을음이나 비바람의 더러움이 붙어 있는 것, 내지는 그것을 생각나게 하는 색조나 광택을 사랑하고, 그런 건물이나 기물 속에서 살자면 기묘하게 마음이 풀리고 신경이 편안해진다. 그래서 나는 언제나 생각하는 것이지만, 그 벽 색깔이나 수술복이나 의료기계들도 일본인을 상대로 한다면, 반짝반짝하는 것이나 새하얀 한 가지 색이 아니라, 좀더 어둡게 온화함을 더하면 어떨까. 만약 그 벽이 모래벽으로 되어 있고, 다다미방의 다다미 위에 누워 치료받는 것이라면, 환자의 흥분을 가라앉힐 것이 확실하다. 우리들이 치과의사에게 가기를 싫어하는 것은, 우선은 득득거리는 소리도 괴롭지만, 또 하나는 유리나 금속제의 반짝이는 물건이 너무 많기 때문에, 그것을 무서워하는 탓도 있다. 나는 신경쇠약이 심했을 시기에, 미국에서 돌아와 최신식의 설비를 자랑하는 치과의사라고 하면 오히려 겁내는 기색을 했다. 그래서 시골의 작은 도시 같은 데 있는, 옛날풍의 일본식 가옥에 수술실을 만들고, 시대에 뒤떨어진 듯한 치과의사에게 즐겨 가곤 했다. 그렇다고 하여 고색을 띤 의료기계도 곤란하기는 하지만, 만약 현대의 의술이 일본에서 성장한 것이었다면, 환자를 다루는 설비나 기계도 어떻게 해서든 다다미방과 조화되도록 고안했을 것이다. 이것도 우리들이 서양에서 빌려 쓰는 물건이기에 손해를 입고 있는 한 예이다.

●

　교토에 '와란자'라는 유명한 요릿집이 있는데, 이 집에서는 최근까지 객실에 전등을 켜지 않고, 고풍스런 촛대를 사용하는 것이 명물이 되었는데, 올봄, 오랜만에 가 보니 어느새 호롱 모양의 전등을 쓰고 있었다. 언제부터 이렇게 했느냐 묻자, 작년부터 이렇게 하게 되었으며, 촛불은 너무 어둡다고 하는 손님이 무척 많아서였는데, 부득이 이런 식으로 하지만, 역시 옛날 그대로가 좋다는 분에게는 촛대를 갖다 드린다고 했다. 그래서 모처럼 그것을 즐기러 간 것이기 때문에 촛대로 바꿔 달라 했는데, 그때 내가 느낀 것은, 일본 칠기의 아름다움은 그런 희미한 빛 속에 놓여야만 비로소 진정으로 발휘될 수 있다는 것이었다. 와란자의 객실은 [14]다다미 네 장 반 정도의 아담한 다실로, 장식 기둥이나 천장 등도 검게 빛나고 있기 때문에, 호롱식 전등이라도 물론 어두운 느낌이 든다. 그러나 그것을 한층 어두운 촛대로 바꾸고, 그 끝에서 흔들흔들 깜박이는, 그림자 뒤에 있는 상이나 주발을 주시하면, 칠기의 늪과 같은 깊이와 두께를 가진 광택이 지금까지와는 전혀 다른 매력을 띠기 시작하는 것을 발견한다. 그리고 우리들의 선조가 옻이라는 도료를 발견하고, 그것을 칠한 살림살이의 광택에 애착을 느낀 것이 우연이 아니었음을 알게 되는 것이다. 친구인 사바르왈 씨의 말에, 인도에서는 현재도 도기를 음식 그릇으로 쓰는 것을 업신 여기고, 대부분은 칠기를 쓴다고 한다. 우리들은 그 반대로 다도나 예식의 경우가 아니면 상이나 국그릇 이외에는 거의 도기만 쓰고, 칠기라면 촌스럽고 우아한 맛이 없는 물건이 되어 버렸는데, 그것은 한편으로는 채광이나 조명 설비가 가져다주는 '밝음'의 탓은 아닐까. 사실, '어둠'을 조건에 넣지 않으면 칠기의 아름다움은 생각할 수 없다고 해도 좋다. 오늘날은 하얀 칠기도 만들어지는 것 같지만, 예로부터 저 칠기의 겉은 검정이나 갈색이나 빨강으로, 그것은 여러 겹의 '어두움'이 퇴적한 색깔이고, 주위를 둘러싼 암흑 속에서 필연적으로 생

---

[14]
다다미 한 장의 크기는 약
182×91센티미터이다.

겨나는 것처럼 생각된다. 화려한 [15]마키에 따위를 그려 넣고 번쩍번쩍 빛나는 왁스를 바른 작은 상자나 책상이나 선반을 보면, 너무 현란하여 차분하지 않고 속악하게조차 생각되는 경우가 있는데, 만약 그런 도구들을 둘러싼 공백을 새까만 어둠으로 빈틈없이 칠하고, 태양이나 전등의 광선 대신에 등불 하나 촛불로 밝게 해주면, 문득 그 현란하던 것이 바닥 깊숙이 가라앉아, 차분하고 무게 나가는 물건이 될 것이다. 옛날의 공예가가 그릇에 칠을 바르고, 마키에를 그릴 때는, 반드시 그런 어두운 방을 염두에 두고, 빛이 적은 속에서의 효과를 겨냥했음에 틀림없고, 금색을 호화롭게 사용한 것도, 그것이 어둠에 떠오르는 상태나, 등불을 반사하는 정도를 고려한 것이라 여겨진다. 결국 금마키에는 밝은 곳에서 한번에 퍼뜩 전체를 보는 것이 아니라, 어두운 곳에서 여러 부분이 그때그때 조금씩 빛을 드러내는 것을 보도록 만들어진 것이어서, 호화 현란한 모양의 대부분을 어둠에 숨겨 버리는 것이, 말로 할 수 없는 여운餘韻을 불러일으키는 것이다. 그리고 저 반짝반짝 빛나는 표면의 광채도, 어두운 곳에 놓고 보면 그것이 등불 끝의 어른거림을 비추고, 조용한 방에도 때때로 바람이 찾아온다고 알려 주어, 어느덧 사람을 명상에 빠지게 한다. 만약 저 음울한 방 안에 칠기라는 것이 없다고 한다면, 촛불이나 등불이 자아내는 괴이한 빛

[15] 마키에蒔繪는 일본 전통 공예기법으로, 금은 혹은 자개 등을 이용하여 정교하고 세심한 그림을 그린 뒤 표면에 옻칠을 입히는 것을 말한다.

의 꿈의 세계가, 그 등불의 펄럭임이 때리고 있는 밤의 맥박이 얼마나 매력을 감쇄減殺당할 것인가. 정말 그것은 다다미 위로 몇 줄기의 작은 시내가 흐르고, 연못 물이 가득 차 있는 것처럼, 하나의 등불 그림자를 여기저기에 비춰서, 가늘게 희미하게 가물가물 전하면서, 밤 그 자체에 마키에를 한 듯한 비단을 짜낸다. 어쩌면 밥그릇으로 도기도 나쁘지 않지만, 도기에는 칠기와 같은 그늘이 없고 깊이가 없다. 도기는 손에 닿으면 무겁고 차갑고, 그런데 열을 전하는 것이 빠르므로 뜨거운 것을 가득 담는 데 불편하고, 게다가 딱딱 소리가 나지만, 칠기는 손에 닿아 가볍고 부드러우며, 귀에 들릴 만큼의 소리도 나지 않는다. 나는 국그릇을 손에 들었을 때, 손바닥이 받는 국의 무게의 감각과 따뜻한 온기를 무엇보다도 좋아한다. 그것은 갓 태어난 아기의 포동포동한 몸을 떠받치는 것과 같은 느낌이기도 하다. 국그릇으로 지금도 칠기가 쓰이는 것은 충분히 이유가 있는 것이나, 도기로 만든 그릇은 그렇지 않다. 먼저 뚜껑을 열었을 때, 도기는 안에 있는 국의 내용물이나 색채가 전부 보이고 만다. 칠기그릇의 좋은 점은 우선 그 뚜껑을 열고 입에 가져가기까지의 사이, 어두운 속 깊은 바닥 쪽에, 용기의 색과 거의 차이가 없는 액체가 소리도 없이 괴어 있는 것을 바라보는 순간의 기분이다. 사람은 그 주발 안의 어둠에 무엇이 있는지 분별

할 수 없지만, 국이 천천히 동요하는 것을 손 위에서 느끼고, 주발 가장자리가 어슴푸레 땀을 흘리고 있기 때문에, 거기서 김이 올라오고 있는 것을 알고, 그 김이 나르는 냄새로 인해 입에 머금기 전에 어렴풋이 맛을 예감한다. 그 순간의 기분, 스프를 얕은 갈색으로 바랜 접시에 담아내는 서양식에 비하여 얼마나 다른가. 그것은 일종의 신비이고 선미禪味라고 하지 않을 수 없다.

●

  나는 국그릇을 앞에 두고서, 주발이 살그머니 귓속으로 스미는 듯이 쉬익 울고 있는, 저 먼 벌레 울음 같은 소리를 들으면서 이제부터 맛볼 음식에 생각을 멈출 때, 언제나 자신이 삼매경에 빠져 드는 것을 느낀다. 다도를 하는 사람이 물 끓는 소리에 산꼭대기의 소나무에서 부는 바람을 연상하면서 무아지경에 빠진다고 하는 것도 아마 이것과 닮은 마음가짐일 것이다. 일본 요리는 먹는 것이 아니라 보는 것이라고 하지만, 이런 경우, 보는 것 이상으로 명상하는 것이라 말하련다. 그리고 그것은 어둠에 깜박이는 촛불과 칠기가 합주하는 무언의 음악인 것이다. 일찍이 소세키 선생은 《풀베개草枕》에서 양갱의 빛을 찬미한 적이 있는데, 말하자면 양갱의 빛깔 역시 명상적이 아닐까. 옥처럼 반투명의 흐린 표면이 속까지 햇빛을 빨아들여서 꿈꾸듯 발그스레함을 머금고 있는 느낌, 그 색조의 깊음, 복잡함은 서양의 과자에서 절대로 볼 수 없다. 크림 따위는 그것에 비하면 천박하고 단순한 것이다. 그러나 양갱의 색조도 그것을 칠기 과자그릇에 담아서, 표면의 색을 겨우 알아볼 어둠에 잠기게 하면 한층 더 명상적이 된다. 사람은 그 차갑고 미끄러운 것을 입속에 머금을 때, 마치 방 안의 암흑이 하나의 달콤한 덩어리가 되어 혀끝에서 녹는 것을 느끼고, 사실은 그다지 맛있지 않은 양갱이라도, 맛에 색다른 깊이가 덧보태지는 듯이 생각한다. 확실히 요리의 색조는 어느 나라라도 그릇의 색이나 벽의 색과 조화되도록 고안되어 있지만, 일본 요리는 밝은 곳에서 빛이 바랜 듯한 갈색 그릇에 먹어서는 식욕이 반감한다. 예를 들면 우리들이 매일 아침 먹는 붉은 된장국 같은 것도, 그 색을 생각하면, 옛날의 어두운 집안에서 발달한 것이라는 점을 알 수 있다. 나는 어느 다도회에 가서 된장국을 먹은 적이 있는데, 보통은 아무렇지도 않게 먹었던 걸쭉한 적토색을 띤 국이 촛불 아래에서 검은 칠기 주발에 담겨 있는 것을 보니, 실로 깊이 있는, 맛있을 것 같은 색을 지니고 있는 것이었다. 간장 같은 것도, 상류 사회에서는 생선회나 데친 푸성귀나 나물에 짙은 맛의 '진간장'을 쓰는데, 그 끈적끈적한 광택이 있는 간장이 어떻게 그늘에 어울리고, 어둠과 그리도 잘 조화되는 것일까. 또한 흰 된장이나 두부나 어묵이나 멀건 장국이나 흰살 생선회나, 그런 흰 껍질을 가진 것도, 주위를 밝게 해서는 색이 돋보이지 않는다. 먼저 밥만 보더라도, 번쩍번쩍 하는 검은색 밥통에 넣고, 어두운 곳에 놓아두는 쪽이 보기에도 아름답고 식욕을 자극한다. 다 지은 새하얀 밥이 바로 뚜껑을 열면 그 밑에서 따뜻한 김을 내뿜으며 검은 그릇에서 솟아올라, 한 알 한 알이 진주처럼 빛나고 있는 것을 볼 때, 일본인이라면 누구라도 쌀밥의 고마움을 느낄 것이다. 이렇게 생각하면, 우리 요리가 그늘을 기조로 하고, 어둠이라는 것과 끊으려야 끊을 수 없는 관계에 있다는 것을 알게 되는 것이다.

•

   나는 건축에 관해서는 아주 문외한이지만, 서양 사원의 고딕 건축이라는 것은 지붕이 높고 뾰족하고, 그 끝이 하늘을 찌르고 있는 듯한데에 아름다운 모습이 있는 것이라고 말한다. 이에 반해서 우리나라의 가람에서는 건물 위에 먼저 큰 기와지붕을 덮어서, 그 차양이 만들어내는 깊고 넓은 그늘 안으로 전체의 구조를 집어넣어 버린다. 사원만이 아니라 궁궐에서도 서민의 주택에서도, 밖에서 보아 가장 눈에 띄는 것은, 어떤 경우에는 기와지붕, 어떤 경우에는 따로 이은 큰 지붕과, 그 차양 아래 떠도는 짙은 어둠이다. 시간으로 치면 대낮이라 하더라도, 처마 밑으로는 동굴 같은 어둠이 감싸고 있어서, 출입구도 문짝도 벽도 기둥도 거의 보이지 않는 경우마저 있다. 이것은 교토에 있는 [16]치온인이나 [17]혼간지와 같은 굉장한 건축이라도, 풀이 우거진 시골의 평범한 집이라도 같은 모양으로, 옛날 건물은 대개 처마 밑과 처마 위의 지붕을 견주면, 적어도 눈으로 볼 때에는, 지붕 쪽이 무겁게 높게, 면적도 크게 느껴진다. 이같이 우리가 주거를 꾸리기에는, 무엇보다도 지붕이라는 우산을 넓혀 대지에 한 둘레의 응달을 떨어뜨리고, 그 어둑어둑한 그늘 속에 집을 짓는다. 물론 서양의 가옥에도 지붕이 없는 것은 아니지만, 그것은 햇빛을 차단하기보다는 비와 이슬을 막는 것이 주이기 때문에, 그림자는 가능한 한 만들지 않도록 하고, 되도록이면 내부를 밝게 드러나도록 하고 있는 것이 외형만 보아서도 알 수 있다. 일본의 지붕을 우산이라고 하면, 서양의 지붕은 모자에 지나지 않는다. 게다가 사냥모자처럼 될 수 있는 한 차양을 작게 하고, 햇빛의 직사를 바싹 처마 끝으로 받는다. 확실히 일본 집 지붕

[16]
치온인知恩院은 교토시 히가시야마구에 있는 일본 정토종의 총본산. 1234년에 중창된 대규모 사찰이다.

[17]
혼간지本願寺는 교토시 히가시야마구에 있는 일본 정토진종의 본산. 1272년에 세워졌다.

의 차양이 긴 것은 기후 풍토나 건축 재료나 기타 여러 가지와 관계가 있을 것이다. 예를 들면 벽돌이나 유리나 시멘트와 같은 것을 쓰지 않기 때문에, 옆으로 들이치는 비바람을 막기 위해서는 차양을 깊게 할 필요가 있었을 것이고, 일본인 역시 어두운 방보다는 밝은 방이 편리하다고 생각하였음에 틀림없지만, 도리 없이 그렇게 된 것일 수도 있으리라. 그러나 아름다움이라는 것은 언제나 생활의 실제로부터 발달하는 것으로, 어두운 방에 사는 것을 부득이하게 여긴 우리 선조는, 어느덧 그늘 속에서 미를 발견하고, 마침내는 미의 목적에 맞도록 그늘을 이용하기에 이르렀다. 사실 다다미방의 미는 전적으로 그늘의 농담에 따라 생겨난 것이고, 그 이외에 아무것도 아니다. 서양인이 다다미방을 보고 그 간소함에 놀라고, 다만 회색의 벽이 있을 뿐 아무런 장식도 없다고 느끼는 것은 그들로서는 아무래도 당연하지만, 그것은 그늘의 수수께끼를 풀지 못했기 때문이다. 우리는 그렇지 않아도, 태양 광선이 들어오기 어려운 다다미방의 바깥쪽으로 차양을 낸다든지 툇마루를 붙인다든지 하여 한층 햇빛을 멀리한다. 그리고 실내는 정원으로부터 반사된 빛이 장지를 통해 약간 밝게 들어오도록 한다. 우리 다다미방의 미적 요소는 이 간접적인 둔한 광선밖에 없다. 우리는 이 힘없고 초라하고 무상한 광선이 차분하게 가라앉은 다다미방의 벽으로 스며들도록, 일부러 정도가 약한 색의 모래벽을 바른다. 흙벽으로 만든 광이나 부엌이나 복도와 같은 곳을 바를 경우에는 광택을 넣지만, 다다미 방의 벽은 대부분 모래벽으로, 절대로 반짝이게 하지 않는다. 만약 반짝이게 한다면 그 부족한 광선의 부드럽고 약한 맛이 없어진다. 우리들은 어디까지나 빈약한 외광이, 황혼색의 벽면에 매달려서 겨우 여생을 지키고 있는, 저 섬세한 밝음을 즐긴다. 우리로서는 이 벽 위 의 밝음 혹은 옅은 어두움이 어떤 장식보다 나은 것이고, 정말로 싫증이 나지 않는 것이다. 그러니까 모래벽이 그 밝음을 흐트리지 않도록 다만 한 가지 색의 무지無地로 발라져 있는 것도 당연하고, 다다미방마다 조금씩 바탕색은 다르지만, 그 차이는 미미한 것이다. 그것은 색의 차이라기보다는 아주 작은 농담의 차이, 보는 사람의 기분의 차이라고 할 정도밖에 되지 않는다. 게다가 거의 분간할 수 없을 정도인 벽 색깔의 차이에 따라 어느 정도씩 각 방의 그늘이 다른 색조를 띠는 것이다. 본디 우리 다다미방에도 [18]도코노마라고 하는 것이 있어서, 족자를 걸고 꽃꽂이를 하지만, 그러나 족자나 꽃도 그 자체가 장식의 역할을 하고 있다기보다, 그늘에 깊이를 더해 주는 쪽이 주가 된다. 우리는 족자 하나를 거는 데도, 그 족자와 도코노마의 벽과의 조화, 곧 도코노마의 배색을 가장 귀하게 여긴다. 우리가 족자의

18
도코노마床の間는 일본식
방의 윗목에 바닥을 한층 높여
만든 곳으로, 선적 풍미를
위해 주로 꽃꽂이나 족자를
걸어 장식하였다.

내용을 이루는 글이나 그림이 빼어난 것이든 어설픈 것이든 똑같이 중요하게 여겨, 표구해 두는 것도 실로 그 때문이어서, 도코노마의 배색이 나쁘면 어떤 명서화^{名書畵}라도 족자로서의 가치가 없어진다. 그와 반대로 하나의 독립된 작품으로는 대단한 걸작 같지도 않은 서화라도, 다실에 걸어서 보면 그 방과의 조화가 매우 좋고, 족자도 다다미방도 갑자기 두드러지는 경우가 있다. 그러한 서화, 그 자체로서는 각별하지 않은 족자의 무엇이 조화를 이루는지 말한다면, 그것은 언제나 그 바탕 종이나 먹 색깔이나 표구의 천이 가지고 있는 오래되어 낡은 빛깔에 있는 것이다. 그 빛깔이 도코노마나 다다미방의 어두움과 적당한 조화를 갖는 것이다. 우리는 곧잘 교토나 나라의 이름난 사찰을 찾아서, 그 절의 보물이라고 하는 족자가, 깊숙한 대서원^{大書院}의 도코노마에 걸려 있는 것을 볼 수 있는데, 그러한 도코노마는 대개 낮에도 약간 어두워서 무늬 따위는 구별할 수 없고, 다만 안내인의 설명을 들으면서 바랜 먹 색깔의 자취를 더듬으며 아마 훌륭한 그림일 것이라 상상할 뿐인데, 그러나 그 바랜 고화^{古畵}와 어두운 도코노마의 배합이 무척이나 잘 조화되어 있어서, 무늬의 불선명함 따위는 조금도 문제되지 않을 뿐만 아니라, 오히려 이 정도의 불선명함이 꼭 적합하다고조차 느낀다. 결국 이 경우 그림은 빈약한 빛을 받아내기 위한 하나의 그윽하고 오묘한 '면'에 지나지 않는 것이어서, 전적으로 모래벽과 같은 작용만 하고 있는 것이다. 우리들이 족자를 고른다면서 시대나 '아취'를 귀중히 여기는 이유는 여기에 있어서, 새로운 그림은 수묵이나 담채인 것도, 상당히 주의하지 않으면 도코노마의 그늘을 부수는 것이다.

•

 만약 다다미방을 묵화에 비유한다면, 장지는 먹 색깔이 가장 옅은 부분이고, 도코노마는 가장 진한 부분이다. 나는 풍류를 생각한 다다미방의 도코노마를 볼 때마다, 일본인이 그늘의 비밀을 이해하고, 빛과 그늘을 적절히 사용한 그 교묘함에 감탄한다. 왜인가. 거기에는 이것이다 싶은 특별한 장식이 있는 것이 아니다. 요컨대 오직 청초한 목재와 청초한 벽을 가지고 하나의 움푹 파인 공간을 칸막이해, 거기로 들어온 광선이 움푹 파인 여기저기에 몽롱한 구석을 생겨나게 한다. 그럼에도 불구하고 우리들은 문지도리 뒤나 꽃병 주위나 선반 아래 등을 메우고 있는 어둠을 바라보고, 그것이 아무것도 아닌 그늘이라는 사실을 알면서도, 그곳의 공기만이 착 가라앉아 있는 듯한, 영겁

불변의 고요함이 그 어둠을 차지하고 있는 듯한 감명을 받는다. 생각건대 서양인이 말하는 '동양의 신비'라는 것은 이처럼 어두움이 갖는 어쩐지 으스스한 고요함을 가리키리라. 우리들 역시 소년 시절에는 햇빛이 도달하지 않는 다실이나 [19]서원의 도코노마 안을 바라보노라면, 말할 수 없는 두려움과 차가움을 느꼈던 것이다. 대체 그 신비의 열쇠는 어디에 있는 것일까? 의문을 풀자면, 필경 그것은 그늘의 마법이어서, 만약 구석구석에 만들어져 있는 그늘을 쫓아 없애 버리면, 홀연히 그 도코노마는 단지 공백으로 돌아갈 것이다. 우리 선조의 천재는, 허무의 공간을 임의로 차단하여 저절로 생기는 그늘의 세계에, 어떠한 벽화나 장식보다 뛰어난 그윽한 맛을 갖게 한 것이다. 이것은 간단한 기교처럼 보이지만 실은 그다지 쉽지 않다. 예를 들면 마루 옆쪽에 창을 내는 법, 문지도리의 깊이, 가로대의 높이 등, 하나하나마다 눈에 보이지 않는 고심이 들어 있는 것을 미루어 짐작하기란 어렵지 않지만, 안다 해도 나는, 서원 장지의 새하얀 희미하게 밝은 데서는, 이윽고 그 앞에 멈춰 서서, 시간이 지나는 것을 잊고 마는 것이다. 원래 서원이라고 하는 것은, 옛날은 그 이름이 보여주듯이 거기서 책을 보기 위해 창을 마련했던 것이나, 어느새 도코노마의 들창이 된 것인데, 대부분의 경우 그것은 들창이라 하기보다도, 오히려 측면에서 비춰 오는

19
서원書院은 처음 승려들의
서재로 만들어졌으나 귀족들의
저택에 도입되고 이후 일본의
전통 주택 양식의 하나로
정착되었다. 다다미방을
기본으로 도코노마, 장지, 선반
등을 갖추고 있다.

외광을 일단 장지의 종이로 여과하고, 적당하게 약화시키는 일을 하고 있다. 정말로 저 장지 뒤로 비추고 있는 역광의 밝음은, 뭔가 살풍경하다 할, 쓸쓸한 색깔을 띠고 있는 빛이리라. 차양을 빠져 나와 복도를 지나 양양하게 거기까지 다다른 정원의 햇빛은, 이미 사물을 비출 힘도 없어지고 혈기도 잃어버린 것처럼, 다만 장지의 종이 색깔을 새하얗게 두드러지게 하는 데 지나지 않는다. 나는 자주 저 장지 앞에 멈춰 서서, 밝지만 현란함을 조금도 느낄 수 없는 종이 면을 응시하는데, 큰 가람 건축의 다다미방 등에서는 정원과의 거리가 멀기 때문에 점점 광선이 약해져서, 춘하추동 맑은 날도 흐린 날도, 아침이나 낮이나 밤이나, 거의 그 희미함에는 변함이 없다. 그리고 세로로 퍼진 장지 문살의 한 칸마다 생긴 구석이, 마치 먼지가 묻은 것처럼, 영구히 종이에 착 달라붙어 움직이지 않을 것 같은 의심이 든다. 나는 그럴 때마다 그 꿈같은 밝음을 의아해하면서 눈을 깜박거린다. 뭔가 눈앞에 아지랑이 같은 것이 있어서, 시력을 둔하게 하고 있는 것처럼 느껴진다. 그것은 희읍스름한 종이의 반사가 도코노마의 진한 어둠을 쫓아내기에는 힘이 달리고, 도리어 어둠에 내쫓기면서, 명암이 구별되지 않는 혼미의 세계를 드러내고 있기 때문이다. 여러분은 그러한 다다미방에 들어갔을 때에, 그 방에 떠돌아다니는 광선이 보통의 광선과 다른 듯한, 그것이 특히 고맙다는 느낌이 드는 엄숙한 것과 같은 기분이 든 적은 없었는가. 혹은 그 방에 있으면 시간이 어떻게 지났는지 모르게 되어 버리고, 알지 못하는 사이에 세월이 흘러서, 나왔을 때는 백발의 노인이 되어 있지 않을까, 그 같은 '유구悠久'에 대한 일종의 두려운 마음을 품어 본 적은 없는가.

●

  여러분은 또한 그런 큰 건물의 안쪽에 있는 방에 가면, 이제는 전혀 외광이 닿지 않게 된 어둠 속에 있는 금맹장지나 금병풍이, 멀리 떨어진 정원의 밝은 빛의 끝을 붙잡고, 꿈처럼 멍하게 반사되고 있는 것을 본 적이 있는가. 그 반사는 해질녘의 지평선처럼, 주위의 어둠에 참으로 약한 금색의 밝은 빛을 던지고 있는데, 나는 황금이라는 것이 그 정도로 침통한 아름다움을 드러내는 때는 없다고 생각한다. 그리고 그 앞을 지나가면서 몇 번이나 뒤돌아 다시 보는 일이 있는데, 정면에서 측면 쪽으로 발길을 옮김에 따라, 금 바탕의 종이 표면이 서서히 크게 깊숙한 빛을 낸다. 결코 반짝반짝 잽싸게 반짝이지 않고, 거인이 안색을 바꾸듯이, 천천히 긴 사이를 두고 반짝인다. 때로는 지금까지 오직 잠든 것처럼 게으른 반사를 하고 있는 [20]나시지의 금이, 측면으로 돌면 타오르듯이 빛나고 있는 것을 발견하고, 이렇게 어두운 곳에서 어떻게 이만큼의 광선을 모을 수가 있는지에 대하여 불가사의하게 생각한다. 그래서 나는 옛날 사람이 불상에 황금을 칠한다든지, 귀인이 기거하는 방의 네 벽에 황금을 붙인다든지 하는 의미가 비로소 이해되는 것이다. 현대인은 밝은 집에 살고 있기 때문에 이러한 황금의 아름다움을 모른다. 그러나 어두운 집에 살았던 옛날 사람은 그 아름다운 색에 매료되었을 뿐만 아니라, 아울러 실용적 가치까지도 알고 있었던 것이다. 왜냐하면 광선이 모자라는 실내에서는 그것이 반사경의 역할을 했음에 틀림없기 때문이다. 결국 그들은 사치로 황금 박箔이나 금은 가루를 썼던 것이 아니라, 그것의 반사를 이용하여 밝은 빛을 보충한 것이다. 그렇다고 하면 은이나 기타 금속은 금방 광택이 퇴색해 버리기에, 오래 반짝임을 잃지 않고 실내의 어두움을 비추는 황금이라는 것이 특별히 귀하게 여겨졌던 이유를 납득할 수 있다. 나는 앞에서, 마키에라는 것은 어두운 곳에서 보게끔 만들어져 있는 것이라고 말했는데, 이렇게 보면 비단 마키에만이 아니라, 직물 같은 것에도 옛날에는 금은사金銀絲가 넉넉하게 쓰였던 것은 같은 이유가 밑에 깔려 있음을 알 수 있다. 승려가 걸치는 금란가사金襴袈裟 같은 것이

---

[20]
나시지梨地는 마키에의
한 종류로, 칠기에 금은 가루를
뿌리고 그 위에 투명한 칠을
하여, 무늬가 비춰 보이도록 한
그림이나 공예품이다.

그 가장 좋은 예가 아닐까. 오늘날에는 시내에 있는 많은 사원의 본당을 대개 대중을 위하여 밝게 해 두기 때문에, 그런 장소에서는 쓸데없이 현란할 뿐이고, 어떤 사람 좋은 고승이 입고 있어도 고마운 느낌을 결코 가지지 못하는데, 유서 깊은 절에서 옛날 법도를 따르는 불사佛事에 참석해 보면, 주름투성이인 노승의 피부와 부처님 앞의 등불이 명멸하는 것과 금란가사의 바탕이 얼마나 잘 조화를 이루고 얼마나 장엄미를 더하고 있는지 아는 것이어서, 그런 것도 마키에의 경우와 같이, 화려한 옷감 모양의 대부분을 어둠이 감춰 버리고, 다만 금은사가 때로 조금씩 빛나듯이 되면서부터이다. 그리고 이것은 나 혼자만의 느낌인지 모르지만, 대부분 일본인의 피부에 [21]노 의상만큼 잘 어울리는 것은 없다고 생각한다. 두말할 필요도 없이 노 의상에는 매우 현란한 것이 많고 금과 은이 풍부하게 쓰이는데, 게다가 그것을 입고 나오는 노의 배우들은 [22]가부키 배우처럼 하얀 가루분을 바르지는 않지만, 일본인 특유의 붉은빛이 도는 갈색 피부, 혹은 누런 기운을 포함한 상아색의 얼굴이 그렇게 매력을 발휘하는 때는 없기에, 나는 언제나 노를 보러 갈 때마다 감탄한다. 금은의 무늬나 자수가 있는 평상복 종류도 잘 어울리지만, 짙은 녹색이나 감색의 [23]스오, [24]스이칸, [25]가리기누, 흰색의 [26]고소데, [27]오구치 등도 참으로 잘 어울린다. 이따

[21] 노능는 일본의 가장 오래된 전통 가무극으로 화려한 의상을 입은 배우들이 가면을 쓰고 매우 천천히 움직인다.

[22] 가부키歌舞伎는 노, 분라쿠와 함께 일본의 전통 연극이다. 일반 서민들에게 권선징악의 도덕 교육 역할을 담당했다.

[23] 스오素襖는 삼베에 가문家紋의 문양을 넣은 의복이다.

[24] 스이칸水干은 활동성이 편한 의상으로 민간의 평상복이다.

[25] 가리기누狩衣는 헤이안 시대 귀족의 평상복으로 원래는 사냥할 때 입었던 복장이다.

[26] 고소데小袖는 통소매의 평상복이다.

[27] 오구치大口는 예복을 입을 때 입는 아래옷이다.

금 그것이 미소년의 노 배우이면, 살결이 곱고 싱싱한 빛을 가진 볼의 윤기 등이 그 때문에 두드러지고, 여자의 살갗과는 다른 고혹적인 아름다움을 품고 있는 것처럼 보여, 과연 옛날 고급 무사가 예쁜 동자의 미색에 빠졌다고 하는 것은 바로 이것이다. 수긍이 간다. 가부키에서도 역사물이나 무용극의 의상이 화려한 것은 [28]노가쿠에 뒤지지 않고, 성적 매력이라는 점에서는 노가쿠보다 가부키 쪽이 훨씬 뛰어난 것으로 여기지만, 양쪽을 자주 봐서 익숙해지면 사실은 그 반대라는 것을 알게 되리라. 잠깐 보았을 때는 가부키 쪽이 에로틱하기도 하고 아름답기도 하다는 것에 다른 의견은 없지만, 옛날에는 어쨌든 간에, 서양식 조명을 사용하게 된 오늘날의 무대에서는, 저 화려한 색채가 속악俗惡에 빠져 보기에 싫증이 난다. 의상이 그렇다면 화장도 그렇기 때문에, 짐짓 아름답다고 하는 것부터가 어디까지나 만든 얼굴이고 보면, 원래 가지고 있는 아름다움과 같은 느낌이 들지 않는다. 그러나 노가쿠의 배우는 얼굴도 목덜미도 손도 본디 가진 그대로 등장한다. 그러니까 눈썹과 눈의 우아함은 그 사람 본래의 것이고, 매우 가는 털도 우리의 눈을 속이고 있는 것이 아니다. 때문에 노 배우의 경우는 여자역을 하는 남자 배우나 미남 역할을 하는 배우의 분장하지 않은 얼굴을 접하고서, 흥이 깨지는 따위의 일은 있을 수 없다. 다만

[28]
노가쿠能樂는 노와 노의
막간에 상영하는 교겐狂言을
합하여 부르는 말이다. 교겐은
희극성이 강한 전통 연극이다.

우리가 느끼는 것은, 우리와 같은 피부색을 가진 그들이 언뜻 어울릴 것 같지도 않은 무사 시대의 화려한 의상을 입었을 때에 그 얼굴빛이 얼마나 수려하게 보이는가 하는 한 가지이다. 예전에 나는 〈황제〉에서 양귀비로 분한 [29]곤고 이와오 씨를 본 적이 있는데, 소맷부리로 살짝 보이는 그 손이 아름다웠던 것을 잊지 못한다. 나는 그의 손을 보면서, 이따금 무릎 위에 놓인 내 손을 살폈다. 그리고 그의 손이 그렇게도 아름답게 보이는 것은, 손목에서 손가락 끝에 이르는 미묘한 손바닥의 움직임, 독특한 기교가 들어 있는 손놀림에도 기인하는 것이겠지만, 그렇다 치더라도 그 피부색의 내부에서 희미하게 밝은 빛이 비치고 있는 것 같은 광택은 어디에서 오는지 의구심이 들었다. 왜인가. 그것은 어디까지나 보통 일본인의 손이고, 실제로 내 무릎 위에 있는 손과 피부의 윤기와 어떤 차이점도 없다. 그래서 나는 두 번 세 번 무대 위 곤고 씨의 손과 나의 손을 견주어 보았는데, 아무리 견주어 보아도 같은 손이다. 그러나 불가사의하게도 똑같은 손이 무대에서는 요상하게 아름답게 보이고, 내 무릎 위에서는 그저 평범한 손으로 보였다. 이와 같은 일은 한 사람 곤고 이와오 씨만의 경우는 아니다. 노에서 의상 밖으로 드러나는 육체는 아주 작은 부분이어서, 얼굴, 목덜미, 손목부터 손가락 끝에 지나지 않으며, 양귀비처럼 가면을 쓰고 있

29
곤고 이와오金剛巖 1886-
1951. 일본의 대표적인
노 배우. 노의 대표격인
〈도죠우지道成寺〉를 생애에
60회 정도 공연했다.

을 때는 얼굴마저 숨겨 버리는 것인데, 그 사소한 부분의 윤기가 이상하게도 인상적이다. 곤고 씨는 특히 그렇다 할지라도, 대개 배우의 손은, 아무런 기이함도 없는 보통 일본인의 손이 현대 옷차림을 했을 때에는 느낄 수 없는 매혹을 발휘해서 우리에게 경이의 눈을 뜨게 한다. 다시 말하지만, 그것은 결코 미소년이나 미남 배우에게만 한정된 이야기가 아니다. 예를 들면 평소 우리들은 보통 남자의 입술에 빠져 들게 되는 일 따위는 있을 수 없지만, 노 무대에서는, 검붉은 빛의 촉촉한 피부가 입술연지를 바른 부인의 입술 이상으로 육감적인 매력을 띤다. 이것은 배우가 노래를 부르기 위해서 입술을 시종 침으로 적시는 까닭도 있겠지만, 그러나 그 탓이라고만은 생각할 수 없다. 또 아역 배우의 홍조 띤 볼의 그 빨간색이 매우 뚜렷하게 두드러져 보인다. 나의 경험으로는 바탕색이 녹색 계통인 의상을 입었을 때에 가장 크게 그렇게 보이는데, 흰 피부의 아역 배우는 물론이지만, 사실은 피부 색깔이 검은 아역 배우 쪽이 오히려 그 빨간색의 특색이 두드러진다. 왜냐하면 흰 피부의 아이에게서는 흰색과 빨강의 대조가 너무 극명하여, 노의 어둡게 가라앉은 의상 색조에서는 효과가 약간 강할 뿐이지만, 색이 강한 아이의 암갈색 볼에서의 빨강은 눈에 띄지 않아서, 의상과 볼이 모두 아름답게 빛나기 때문이다. 차분한 녹색과 차분한 갈색의 두

가지 색깔이 서로 비쳐서 황색인종의 피부에 어울리게 되므로 새삼스레 사람들의 눈을 끈다. 색의 조화가 만들어내는 이 같은 아름다움이 또 있는지 모르겠지만, 만약 노가쿠가 가부키처럼 현대의 조명을 사용하였다고 하면, 그 미감은 매우 자극적인 광선 때문에 사방으로 흩어져 버릴 것이다. 그렇다면 그 무대를 옛날대로 어둠에 맡겨 놓은 것은 필연적인 약속에 따른 것으로, 건물 따위도 낡으면 낡을수록 좋다. 마루가 자연적인 광택을 지니고, 기둥이나 평평하고 큰 널빤지 등이 검은빛으로 빛나고, 대들보에서 처마 끝의 어둠이 큰 범종을 덮은 것처럼 배우 머리 위에 덮여 있는 무대, 그러한 장소가 가장 적합한 것으로 생각된다. 그 점에서 말하면, 최근 노가쿠가 아사히회관이나 공회당으로 진출하는 것은 다행스런 일임에는 틀림없지만, 그 원래의 맛은 반 이상 사라졌다고 생각된다.

●

   그런데 노에 붙어 다니는 어둠과, 거기에서 생겨나는 아름다움은 오늘날 무대 위에서밖에 볼 수 없는 특수한 그늘의 세계인데, 옛날에는 그것이 꼭 실생활에서 동떨어진 것은 아니었을 것이다. 왜냐하면

노 무대에서의 어둠은 바로 당시의 주택건축의 어둠이고, 또 노 의상의 무늬나 색조는 실제보다 다소 화려했다고 해도, 대체로 당시의 귀족이나 무사가 입고 있었던 것과 같았을 것이기 때문이다. 나는 일단 그 점에 생각이 이르자, 옛날 일본인 특히 30센고쿠 시대나 31모모야마 시대의 호화스러운 복장을 한 무사는 오늘날 우리에 비해 얼마나 아름답게 보였을까 상상을 하고는, 오직 그 생각에 황홀해지기까지 하는 것이다. 정말로 노는 우리 동포들의 남성미를 최고조의 형태로 나타내고 있는 것으로, 그 옛날 전쟁터에 오가던 무사가, 비바람을 맞고 광대뼈가 튀어나와 새까만 붉은 얼굴에 그런 바탕색이나 광택이 있는 스오나 32다이몬이나 33카미시모를 입었던 모습은 얼마나 늠름하고도 엄숙했을까. 확실히 노를 보고 즐기는 사람은 모두 어느 정도는 이 같은 연상에 젖는 것을 즐기는 것이고, 무대 위 색채의 세계가 예전부터 그대로 실재하고 있었다 생각하는 데서, 연기 이외의 회고하는 취미가 있다. 이에 반해 가부키의 무대는 어디까지나 허위의 세계이고, 우리들 원래 아름다움과는 관계가 없다. 남성미는 말할 필요도 없지만, 여성미라고 한들 옛날의 여자가 지금 저 무대에서 보는 것 같은 사람이었으리라고는 생각할 수 없다. 노가쿠에서도 여자 역할은 가면을 쓰고 하기 때문에 실제와는 먼 것인데, 그렇다고 해서 가부키의 극

30
센고쿠 시대戰國時代 1467-1573, 중세 일본의 천황과 귀족정치를 끝내고 신흥무사들이 패권을 다투던 시대로 오다 노부나가가 전국을 통일한다.

31
모모야마 시대桃山時代 1582-1602, 오다 노부나가의 전국 통일에 이어 도쿠가와 이에야스가 실권을 잡기까지의 30년 동안을 아즈치 모모야마 시대라고 한다.

32
다이몬大紋은 커다란 가문 문양을 넣어 만든 예복의 하나이다.

33
카미시모裃는 어깨와 몸통만 있고 소매가 없는 에도 시대 무사들의 예복 차림이다.

중 여자 역할을 하는 남자를 보아도 실감이 나지 않는다. 이것은 오로지 가부키의 무대가 너무 밝은 탓으로, 현대적 조명 설비가 없었던 시대, 촛불이나 칸델라로 겨우 밝혔던 시대의 가부키 극은, 그때 여자역을 하는 남자는 어쩌면 좀더 실제 여자에 가까웠던 것은 아니었을까. 그것을 보더라도 현대의 가부키 극에 옛날과 같은 여자다운 여자역의 남자 배우가 나타나지 않는다고 하는 것은 반드시 배우의 소질이나 용모 때문만은 아니다. 옛날의 여자역 남자 배우라도 오늘날과 같은 휘황찬란한 무대에 서게 되면, 남성적인 굵은 선이 두드러졌을 것임에 틀림없지만, 옛날에는 어둠이 그것을 적당히 가려서 막아 주지는 않았을까. 만년의 [34]바이코가 하는 [35]오카루를 보고 이것을 통절히 느꼈다. 그래서 가부키 극의 아름다움을 망치는 것은 쓸데없이 많은 조명에 있다고 생각했다. 오사카를 잘 아는 사람에게 들은 이야기에, [36]분라쿠의 [37]〈닌교조루리〉에서는 [38]메이지 시대가 되고 나서도 오래도록 램프를 썼었는데, 그 당시가 지금보다 훨씬 여정餘情이 풍부했다고 한다. 나는 현재에도 가부키의 여자역 남자 배우보다는 하릴없이 저 인형 쪽에 실감을 느끼지만, 바로 그것이 희부연 램프로 비춰지고 있었다면, 인형 특유의 딱딱한 선도 없어지고 번들번들한 하얀 분의 광택도 희미해져서, 오죽이나 부드러웠으면, 그 무렵 무대의 대

---

[34]
바이코梅幸는 집안 대대로
분라쿠만을 연기하는
명가이다.

[35]
오카루輕는 인형극인
〈주신구라忠臣蔵〉의 여자
주인공 이름이다.

[36]
분라쿠文樂는 에도 시대의
대표적인 인형극이다.
여기서는 오사카에 있었던
인형극장 분라쿠자文樂座를
말한다.

[37]
닌교조루리人形淨琉璃는
에도 시대 초기부터 있었던
인형극이다. 조루리는 인형극의
주인공인 공주의 이름이다.

[38]
메이지明治 시대 1867-1912.
에도 바쿠후를 타파하고
천황을 정권으로 한
왕정복구를 실현하면서
일본의 근대화가 시작되었다.

단한 아름다움을 공상하며, 까닭 없이 한기寒氣가 밀려드는 것이다.

●

 알다시피 분라쿠 연극에서 여자 인형은 얼굴과 손끝밖에 없다. 몸통이나 발끝은 소매가 긴 의상으로 감싸 두었기 때문에, 인형을 놀리는 사람이 손을 내부에 넣어서 움직임을 보여 주면 그만인 것인데, 나는 이것이 가장 실제에 가까운 것으로, 옛날 여자라는 이는 목덜미부터 그 윗부분과 소맷부리부터 그 끝만이 존재하고, 다른 것은 모두 어둠에 숨어 있었던 것이라 생각한다. 당시 중류계급 이상의 여자는 절대로 외출하는 경우도 없었고, 가령 가마에 깊숙이 숨어 모습을 드러내지 않도록 했다고 한다면, 대개는 저 어두운 집과 대지의 한켠에 낮게 깔려서, 낮이건 밤이건 오직 어둠에 온몸을 묻고 그 얼굴만을 존재로 나타냈다고 할 수 있다. 그래서 의상 따위도 남자의 것은 현재보다 더 화려한 데 반해 여자의 것은 그 정도는 아니다. 옛날 [39]바쿠후 시대, 시내에서 장사하는 집의 딸이나 부인들은 놀랄 만큼 수수한데, 그것은 요컨대 의상이라는 것이 어둠의 일부분, 어둠과 얼굴과의 관계에 지나지 않았기 때문이다. 이를 검게 물들이는 화장법이 행

39
바쿠후幕府 시대는 중세 일본의 가마쿠라 시대부터 에도 시대까지 무인이 집권한 정권을 통틀어 말하지만 대개는 에도 시대를 가리킨다.

해진 것도, 그 목적을 생각하면, 얼굴 이외의 빈틈을 모두 어둠으로 채워 버리려고 입 안까지 검게 한 것은 아닐까. 오늘날 이와 같은 여인의 미는 교토 시마바라島原의 길모퉁이에 있는 찻집과 같은 특수한 곳에 가지 않는 한 실제로는 볼 수가 없다. 그러나 나는 어린 시절, 니혼바시日本橋에 있는 집 안에서 희미한 정원의 밝은 빛을 의지하여 바느질을 하고 있던 어머니의 얼굴 모습을 생각하면, 옛날의 여인이 어떤 식이었는지 조금은 상상할 수 있다. 그 시절, 메이지 20년대[1890년대]의 일인데, 그 무렵까지는 도쿄 시내의 집이라도 모두 어두운 건물이었고, 내 어머니나 큰어머니나 친척들 누구든, 그 연배의 여자들은 대부분 이를 검게 물들이는 화장을 하고 있었다. 옷은, 평상복은 생각나지 않지만, 밖에 나갈 때는 쥐색 바탕의 자잘한 무늬를 자주 입었다. 어머니는 키가 작아 5척에 이르지 못할 정도였지만, 어머니만이 아니라 그 무렵 여자는 그 정도가 보통이었으리라. 아니 극단적으로 말하면 그녀들에게는 거의 육체가 없었던 것이라고 말해도 좋다. 나는 어머니의 얼굴과 손 이외에 발만은 어렴풋이 기억하고 있지만, 신체에 대해서는 기억이 없다. 그래서 생각나는 것은 저 [40]주구지의 관세음 신체인데, 그것이야말로 옛날 일본 여인의 전형적인 나체상이 아닐까. 종이처럼 얇은 유방이 붙은, 판자처럼 납작한 가슴, 그 가슴보다도 한

40
주구지中宮寺는 호류지法隆寺
유메덴夢殿의 동쪽에 딸린 절.
쇼도쿠聖德 태자가 어머니를
위해 건립했다고 전해진다.

층 작게 잘록한 배, 어떤 요철도 없는, 곧바른 등줄기와 허리와 엉덩이 선, 그런 몸 전체가 얼굴이나 손발에 견주면 불균형하게 가늘어서 두께가 없고, 육체라고 하기보다 꼿꼿한 막대기와도 같은 느낌이 드는데, 옛날 여인의 몸통은 대체로 그런 식이 아니었을까. 오늘날에도 그런 모양의 신체를 가진 여자가 고루한 가정의 노부인이나 기생 가운데 종종 있다. 그리고 나는 그것을 보면 인형의 뼈대를 생각해내는 것이다. 사실 그런 몸통은 의상을 입히기 위한 뼈대이고, 그 이외의 어떤 물건도 아니다. 몸통의 재료를 이루고 있는 것은 몇 번 두르지도 않고 휘감겨 있는 옷과 면綿이어서, 의상을 벗기면 인형과 같이 불균형한 뼈대만 남는다. 그렇지만 옛날에는 그것으로 되었던 거다. 어둠 속에 사는 그녀들에게 있어서는 희읍스름한 얼굴 하나만 있으면, 신체는 필요 없었던 것이다. 생각건대 명랑한 현대 여성의 몸매를 칭송하는 사람에게는 그러한 여자의 망령 같은 아름다움을 생각하는 것은 어려우리라. 또 어떤 이는, 어두운 광선으로 치장된 아름다움은 진정한 아름다움이 아니라고 말할 것이다. 그렇지만 앞에서도 말했듯이, 우리 동양인은 아무것도 아닌 것에 그늘을 만들기 시작하고 미를 창조하는 것이다. "긁어모아 묶으면 잡목의 암자가 되고, 풀어놓으면 원래의 들판이 되었구나"라는 옛 노래가 있는데, 아무튼 우리의 사색법은 그런 식이므로, 미는 사물에 있는 것이 아니라 물체와 물체가 만들어내는 그늘의 무늬, 명암에 있다고 생각한다. 야광구슬도 어둠 속에 두면 광채를 발하지만, 밝은 대낮에 드러내면 보석의 매력을 잃는 것처럼, 그늘의 작용을 벗어나서는 미가 없다는 생각이다. 결국 우리의 선조는 여자를 마키에나 자개그릇과 같이, 어둠과는 끊으려야 끊을 수 없는 것으로서, 가능한 한 전체를 그림자에 잠기도록 하고 긴소매나 긴 치맛자락으로 손발을 안으로 감싸, 어느 한 군데, 목만을 두드러지게 한 것이다. 과연 저 균형을 잃은 납작한 신체는 서양 부인의 신체에 견주면 추하리라. 그러나 우리들은 보이지 않는 것을 생각할 필요는 없다. 보이지 않는 것은 없는 것이라고 한다. 억지로 그 추함을 보려고 하는 사람은, 다실의 도코노마에 백열전등을 다는 것과 같이, 그곳에 있는 미를 스스로 쫓아 보내 버리는 것이다.

•

   그렇지만 대체 이런 어두움 속의 미를 추구하는 경향이 동양인에게만 강한 것은 무슨 까닭인가? 서양에도 전기나 가스나 석유가 없었던 시대가 있었는데, 견문이 좁은 나는, 그들에게 그늘을 좋아하는 버릇이 있었는지를 알지 못한다. 옛날부터 일본 귀신은 다리가 없지만, 서양 유령은 다리가 있는 대신에 전신이 투명하다고 한다. 그런 사소한 일에서도 알 수 있듯이, 우리의 공상에는 늘 칠흑의 어둠이 있는데, 그들은 유령조차 유리처럼 맑은 것으로 생각한다. 그 밖의 일상생활의 모든 공예품에서 우리가 좋아하는 색이 어둠이 퇴적한 것이라면, 그들이 좋아하는 것은 태양 광선이 서로 겹친 색깔이다. 은그릇이나 놋쇠그릇에서도 우리들은 녹이 생기는 것을 좋아하지만, 그들은 그런 것을 불결하고 비위생적이라고 하여 반짝반짝 닦는다. 방 안도 가능한 한 구석을 만들지 않도록 천장이나 주위를 새하얗게 한다. 정원을 만드는 데도 우리가 나무를 심으면 그들은 평평한 잔디밭을 넓힌다. 이와 같은 기호의 차이는 무엇 때문에 생겨난 것일까. 생각건대 동양인은 자기가 처한 상태에서 만족을 구하고, 현상을 감내하려는 버릇이 있어서, 어둡다고 하는 것에 불평을 느끼지 못하고, 그것은 어쩔 수 없는 것이라고 단념해 버려, 광선이 없으면 없는 대로 도리어 그 어둠에 침잠하고, 그 속에서 저절로 이루어지는 아름다움을 발견한다. 그런데 진취적인 서양인은 늘 보다 나은 상태를 바란다. 촛불에서 램프로, 램프에서 가스등으로, 가스등에서 전등으로 끊임없이 밝음을 추구하고, 자그마한 그늘이라도 없애 나가려 고심을 한다. 아마도 그런 기질의 차이가 있겠지만, 그러나 나는 피부색의 차이라는 것도 생각해 보고 싶다. 우리도 옛날부터 피부가 검은 쪽보다는 흰 쪽을 존중하고 아름답다고 하였는데, 그래도 백색 인종의 흰 것과 동양인의 흰 것과는 어딘가 다르다. 한 사람 한 사람 접근해 보면, 서양인보다 흰 일본인이 있고, 일본인보다 검은 서양인이 있지만, 그 흰 것과 검은 것의 상태는 다르다. 이것은 내 경험으로 말하는 것인데, 이전에 요코하마横浜의 야마테山手에 살면서, 아침저녁으로 그곳 거류지의 외국인들과 행락을 함께하고, 그들이 출입하는 연회장이나 무도회장에 놀러 가던 때, 옆에서 보면 그들 피부의 흰색을 그렇게 하얗다고는 느끼지 못했었지만, 멀리서 보면 그들과 일본인의 차별이 실로 확실히 가려지는 것이었다. 일본인이라도 좀더 나은 야회복을 입고, 그들보다 흰 피부를 가진 숙녀가 있지만, 그러나 그런 부인이 한 사람이라도 그들 가운데 섞이면, 멀리서 건너보았을 때에 바로 구분이 된다. 그 때문에 그런 여자들은 서양인에게 지지 않으려고, 등과 두 팔에서부터 겨드랑이 아래까지 노출되어 있는 몸의 모든 부분에 짙은 백분을 바르고 있지만, 그렇게 해도 역시 피부 속에 가라앉아 있는 어두운 색을 지울 수 없다. 마치 청정한 물 밑바닥에 있는 오물이, 높은 곳에서 내려다 보면 잘 드러나듯이 그것을 알 수 있다. 특히 손가락 마디나 콧

방울 주위 그리고 목덜미나 등줄기 같은 데에 거무칙칙한 먼지가 괸 듯한 구석이 생긴다. 그러나 서양인은 표면이 흐린 것 같아도 피부 밑이 맑게 비쳐서, 몸의 어느 곳에서도 그러한 우중충한 그림자가 비치지 않는다. 머리끝에서 손가락 끝까지 불순물이 없고 유난히 맑고 희다. 그러므로 그들의 무리 속에 우리 가운데 한 사람이 들어가면, 하얀 종이에 옅은 먹물 한 점이 스민 것 같고, 우리가 보아도 그 한 사람이 눈에 거슬리게 생각되어, 좀체 산뜻한 기분이 들지 않는 것이다. 이렇게 보면 일찍이 백색 인종이 유색 인종을 배척한 심리가 이해되는데, 백인 중에서도 신경질적인 인간이라면, 사교장에 생긴 한 점의 얼룩, 한두 명의 유색인이 신경에 거슬리지 않을 수 없었을 것이다. 그렇게 말하면, 오늘날은 어떨지 모르겠지만, 옛날 흑인에 대한 박해가 가장 격심했던 남북전쟁 시대에는, 그들의 증오와 멸시는 단순히 흑인뿐만 아니라, 흑인과 백인의 혼혈아, 혼혈아끼리의 혼혈아, 혼혈아와 백인의 혼혈아 따위에까지 미쳤다고 한다. 그들은 2분의 1 혼혈아, 4분의 1 혼혈아, 16분의 1 혼혈아, 32분의 1 혼혈아라는 식으로, 사소한 흑인 피의 흔적을 끝까지 추궁해서 박해를 그만두지 않았다. 언뜻 보기에 순수 백인과 다른 점이 없는, 이세이든 삼세이든 앞선 선조 가운데 단 한 사람의 흑인을 가진 데 지나지 않는 혼혈아에 대해서도 그들의 집요한 눈은, 정말 조금뿐인 색소가 그 새하얀 피부 가운데에 가라앉아 있는 것을 놓치지 않았다. 이런 점을 관련해 생각해도, 황색 인종이 그늘이라는 것과 얼마나 깊은 관계를 가지고 있는지 알 수 있다. 누구라도 좋아서 스스로를 추악한 상태에 두고 싶지 않는 이상, 우리가 의식주 용품으로 빛바랜 색깔의 물건을 사용하고, 어두운 분위기 속에서 자신들을 진정시키려 하는 것은 당연하며, 우리의 선조가 그들의 피부에 그늘이 있었음을 자각했을 리도 없고, 그들보다 흰 인종이 있었던 것을 알고 있지도 않았지만, 색깔에 대한 그들의 감각이 자연스럽게 그런 기호를 낳은 것이라고 볼 수밖에 없다.

●

우리의 선조는 밝은 대지의 상하사방을 몇 개의 부분으로 나누어 먼저 그늘의 세계를 만들었고, 그 어둠 속에 여인을 집어넣었으며, 그것을 이 세상에서 가장 색깔이 흰 인간이라고 믿어 버렸을 것이다. 피부가 흰 것이 최고의 여성미에 없어서는 안 될 조건이라면, 우리로서는 그렇게밖에 할 수 없었던 것이고, 그래서 괜찮았을 만도 하다. 백인의 머리가 밝은색인데 우리의 머리가 어두운 색인 것은, 자연이 우리에게 어둠의 이치를 가르쳐 주는 것으로, 옛날 사람들은 무의식중에 그 이치에 따라 황색 얼굴을 희고 들뜨게 하였다. 나는 앞에서 이를 검게 물들이는 것에 대하여 말하였는데, 옛날의 여인이 눈썹을 깎은 것 역시 얼굴을 돋보이게 하려는 수단이 아니었을까. 그리고 내가 무엇보다 감탄하는 것은 비단벌레 색깔로 빛나는 파란 연지이다. 오늘날에는 [41]기온의 기생들조차 거의 그것을 쓰지 않게 되었지만, 그 연지야말로 약간 어두운 촛불의 흔들림을 상상하지 않으면 그 매력을 풀 수 없다. 옛사람들은 여인의 빨간 입술을 일부러 검푸르게 발라서 거기에 [42]나전을 아로새기는 것이다. 나는 아름다운 등이 흔들거리는 그늘에서 젊은 여자가 도깨비불과 같은 파란 입술 사이로 가끔 칠흑 같은 검은 이를 빛내며 웃고 있는 모습을 생각하면 그보다도 더 하얀 얼굴을 생각할 수 없다. 적어도 내가 뇌리에 그리는 환영의 세계에서 어떤 백인 여자의 흰 것보다 하얗다. 백인의 흰색은 투명한, 분명한, 흔한 흰색이지만, 그것은 일종의 인간과 떨어진 흰색이다. 혹은 그러한 흰색은 실제로는 존재하지 않을지도 모른다. 그것은 오로지 빛과 어둠이 만들어내는 못된 장난으로, 그 자리에서만의 것인지도 모른다. 그렇지만 우리는 그것으로 그만이다. 그 이상을 바라기는 하지만 미치지 못한다. 여기서 나는 그런 얼굴의 흰색을 생각하는 반면에,

---

41
기온祇園은 교토의 유명한 요정가. 원래는 야사카八坂 신사의 옛 이름인데, 그 부근의 지명이 되었고, 여기에 유곽이 늘어섰다.

42
나전螺鈿은 광채가 나는 자개 조각을 여러 모양으로 박아 넣거나 붙여서 장식하는 공예 기법이다.

그것을 에워싸는 어둠의 색깔에 관해서 말하고 싶다. 이미 수년 전 어느 때던가, 도쿄에서 온 손님을 안내하여 시마바라의 길 모퉁이 찻집 수미야角屋에서 놀았을 때, 한 번 잊을 수 없는 어떤 어둠을 본 기억이 있다. 그것은 나중에 화재로 소실된 '마츠노마松の間'라는 넓은 다다미 방이었는데, 조그만 촛대의 등으로 비춘 넓은 방의 어두움은, 작은 다다미방의 어두움과는 짙기가 다르다. 마침 내가 그 방에 들어갔을 때, 눈썹을 깎고 이를 검게 한 삼십 대의 하녀가, 큰 장지 앞에 촛대를 놓고 무릎을 꿇고 앉아 있었고, 다다미 두 장 정도로 밝기가 한정된 장지 뒤편에는 천장에서 막 떨어질 것 같은 높고 짙은 오직 한 가지 색의 어두움이 드리워져 있었는데, 미덥지 못한 촛불이 그 두께를 뚫을 수 없어 검은 벽에 맞닥뜨린 것처럼 반사되어 나오는 것이었다. 여러분은 이런 '등불에 밝혀진 어둠'의 색을 본 적이 있는가. 그것은 밤길의 어둠과는 어딘가 다른 것이어서, 가령 한 알 한 알이 무지개색의 반짝임을 지닌, 미세한 재 같은 미립자가 충만해 있는 것처럼 보였다. 나는 그것이 눈 속으로 들어오지는 않을까 하여 무의식중에 눈꺼풀을 깜박거렸다. 오늘날은 일반적으로 다다미방의 면적을 좁게 하는 것이 유행, 다다미 10장 8장 6장 같은 작은 방을 만들므로, 만약 촛불을 켜도 깔리는 어둠의 색은 볼 수 없지만, 옛날의 어전이나 기루妓

樓에서는 천장을 높게 하고 복도를 넓게 하여 다다미 몇십 장을 깐 큰 방에 칸막이를 하는 것이 보통이었기에, 그 실내에는 언제나 이런 어둠이 자욱한 안개와 같이 깔려 있었을 것이다. 그리고 지체 높은 여인들은 그 어둠의 갯물에 담겨 있었을 것이다. 예전에 내가 《기쇼안 수필倚松庵隨筆》에서도 썼지만, 현대인은 오랫동안 전등불에 익숙해져, 이런 어둠이 있다는 것을 잊어버리고 있는 것이다. 그런 어둠 가운데 특히 실내의 '눈에 보이는 어둠'은, 무엇인가 아물아물 아지랑이가 있는 것 같은 느낌이 들어 환상을 일으키기 쉽기 때문에, 어떤 경우에는 집 밖의 어둠보다 더한 맛이 있다. 도깨비나 요괴가 날뛰는 것은 아마도 이런 어둠이겠지만, 그 안에 깊은 장막을 드리우고, 병풍이나 맹장지를 몇 겹이나 에워싸고 살고 있는 여자라는 것도 역시 그 도깨비의 무리가 아니었을까. 어둠은 그 여자들을 열 겹 열두 겹으로 둘러싸고, 옷깃이나 소맷부리나 옷단의 맞춤선이 다다르는 곳의 빈틈을 메우고 있었을 것이다. 아니, 어쩌면 거꾸로 그녀들의 몸에서, 그 이를 색칠한 입속이나 검은 머리끝에서, 땅거미가 뻗는 거미줄처럼 어둠이 내뱉어지고 있었을지도 모른다.

•

 몇 해 전 [43]다케시게 무소안이 파리에서 돌아와 하는 말에, 유럽의 도시에 비해 도쿄나 오사카의 밤은 대단히 밝다. 파리에서는 샹젤리제의 한가운데라도 램프를 밝히는 집이 있는데, 일본에서는 상당히 외진 산속에 가지 않으면 그런 집은 한 채도 없다. 아마 세계에서 전등을 화려하게 쓰고 있는 나라는 미국과 일본일 것이다. 일본은 무엇이든 미국을 흉내 내고 싶어 하는 나라이다 했다. 무소안의 이야기는 지금부터 사오 년 전, 아직 네온사인 따위가 유행하지 않았을 무렵이었기 때문에, 이번에 그가 돌아오면 더욱 밝아져 있으니 오죽이나 놀라려는지. 그리고 이것은 가이조 출판사의 [44]야마모토 사네히코 사장에게서 들은 이야기인데, 예전에 사장이 아인슈타인 박사를 교토로 안내하는 도중 기차로 이시야마石山 언저리를 지날 무렵, 창밖의 경치를 보고 있던 박사가, "아, 저곳에 대단히 비경제적인 것이 있다"고 하여 까닭을 물었더니, 거기의 전봇대인가에 대낮에 전등이 켜져 있는 것을 가리켰다고 한다. "아인슈타인은 유태인이기 때문에 그렇게 말하는 것이 대수롭지 않겠지요"라고, 야마모토 씨는 설명을 덧붙였지만, 미국은 어쨌든 간에, 유럽에 견준다면 일본 쪽이 전등을 아까워하지 않고 쓰고 있다는 것은 사실일 것이다. 이시야마라면 또 하나 이상

43
다케시게 무소안武林無想庵 1880-1958, 소설가이자 번역가. 1920년부터 17년 동안 유럽에 머물렀으며, 〈가이조改造〉에 작품을 기고했다.

44
야마모토 사네히코山本實彦, 일본 출판 역사에서 빼놓을 수 없는 인물로 다이쇼 시대를 풍미한 종합잡지 〈가이조〉의 발행인이다.

한 일이 있었는데, 올가을 달구경을 가려고 어디가 좋을까 머리를 짜낸 결과, 결국 이시야마데라石山寺로 가기로 정했는데, 보름밤 전날 신문에, 이시야마데라에서는 내일 밤 달을 구경하는 손님들의 흥을 더하기 위해 숲속에 확성기를 달고, 월광소나타를 음반으로 들려준다는 기사가 나와 있었다. 나는 그것을 읽고 급히 이시야마 행을 그만두어 버렸다. 확성기도 곤란하지만, 그런 식이라면 반드시 그 산의 곳곳에 전등이나 장식전구를 꾸미고, 번화하게 기세를 올릴 것이라고 생각했기 때문이다. 전에도 나는 거기서 달구경을 없던 일로 한 기억이 있는데, 어느 해 보름밤에 스마데라須磨寺 연못에 배를 띄우려고, 친구들을 모아 음식 찬합을 각자 갖고 몰려가 보니, 그 연못 둘레를 오색의 전구들이 화려하게 둘러싸고 있어서 달은 없는 것 같았다. 이것저것 생각해보니, 아무래도 요즈음의 우리는 전등에 마비되고, 과잉된 조명에서 빚어지는 불편에 대해서는 의외로 무감각해져 있는 것 같다. 달구경의 경우는 아무래도 좋지만, 대합실, 음식점, 여관, 호텔 따위가 대체로 전등을 지나치게 낭비하고 있다. 그것도 손님을 끌기 위해서는 어느 정도 필요하겠지만, 여름같이, 밝은 데도 전등을 켜 놓는 것은 낭비 이상으로 무덥기만 하다. 나는 여름에 어디를 가나 이 때문에 어려움을 겪고 있다. 밖은 서늘한데 방안이 매우 더운 것은, 거의 열이면 열 모두 전력이 너무 강하든지 전구가 너무 많은 탓으로, 시험 삼아 일부를 꺼 보면 갑자기 시원해지는데, 손님도 주인도 한결같이 그것을 눈치 채지 못하는 것이 이상스럽기만 하다. 원래 실내의 불빛은 겨울에는 어느 정도 밝게 하고 여름에는 어느 정도 어둡게 해야 한다. 그렇게 하는 것이 차갑고 서늘한 기운을 모으고, 무엇보다도 벌레가 날아들지 않게 한다. 그런데도 필요 없는 전등을 켜고, 그래서 덥다고 선풍기를 돌리는 것은 생각만 해도 번잡하다. 더욱이 다다미방이라면 열이 옆으로 퍼져 나가기 때문에 참을 수 있지만, 호텔의 양실은 통풍이 나쁜 데다, 마루, 벽, 천장 등이 열을 빨아들여서 사방으로 반사하기 때문에 절대 참지 못한다. 예를 들어 좀 안 됐지만, 여름밤에 교토의 미야코^都 호텔의 로비에 가본 적이 있는 사람은 나의 말에 동감할 수 있을 것이다. 그곳은 북향의 약간 높지만 평평한 땅에 위치 하고 있어, 히에이잔^{比叡山}이나 뇨이가다케^{如意獄}나 구로타니^{黑谷}의 탑이나 숲이나 히가시야마^{東山} 일대의 푸른 봉우리들이 한눈에 들어와, 보기만 해도 상쾌한 기분이 드는 전망인데, 그런 만큼 아쉽다. 여름날 저녁, 모처럼 아름다운 경치를 대하고 상쾌한 기분에 젖으려는 생각에, 로비에 찬 서늘한 바람을 따라 나가보면, 흰 천장의 여기저기에 큰 유백색 유리 뚜껑이 끼워져 있고, 무척 자극적인 빛이 그 안에서 이글이글 타오르고 있다. 그것이, 요즈음의 양옥은 천장이 낮기 때문에, 바로 머리 위에서 불덩이가 빙빙 돌고 있는 것 같고, 덥다고 말도 못 할, 몸에서도 천장에 가까운 곳일수록 덥고, 머리에서 목덜미로 등 줄기에 걸쳐지며 더워지는 것처럼 느껴진다. 더구나 그 불덩이가 하나여도 그만한 넓이를 비추기에는 충분할 터인데, 그런 것이 서너 개나 천장에 붙어 있고, 그밖에도 작은 것이 벽과 기둥을 따라 수없이 붙어 있는데, 그런 것은 구석구석에 생기는 귀퉁이를 없애는 것 이외에는 아무런 도움도 되지 않는다. 때문에 실내에 그늘이라고는 하나도 없고, 살펴보건대 흰 벽과 빨갛고 굵은 기둥과, 화려한 색을 모자이크처럼 조합한 마루가, 갓 인쇄한 석판화처럼 눈에 스며들어 이 또한 숨 막힐 듯이 덥다. 복도에서 방으로 들어가면 온도 차이가 두드러짐을 느낀다. 그곳에서는 설령 밤기운이 시원하게 흘러 들어와도 금방 뜨거운 바람으로 변해 버리기 때문에 전혀 도움이 되지 않는다. 그곳은 이전에 가끔 묵으러 간 적이 있는 호텔로, 아끼는 생각에서 친절한 마음으로 충고하는 것인데, 실제로 감탄할 형세의 조망, 가장 적당한 여름의 서늘한 장소를 전등으로 파괴하고 있는 것이 아깝다. 일본인은 물론이고, 아무리 서양 사람이 밝은 빛을 좋아한다고 해도, 저런 더위에는 입을 다물 것임에 틀림없겠으나, 무엇보다 밝기를 한번 줄여 보면 즉각 이

해될 것이다. 그렇지만 이 같은 일은 한 예로 들었을 뿐이고, 그 호텔에만 한정된 것이 아니다. 간접조명을 쓰고 있는 제국 호텔은 그나마 무난하지만, 여름에는 좀더 어둡게 해도 좋으리라 생각한다. 오늘날의 실내조명은 글을 읽는다든지 글씨를 쓴다든지 바느질을 하는 일이 아니라, 오직 네 귀퉁이의 그늘을 없애는 데 쓰게 되어 있는데, 그 생각은 적어도 일본 집이 가지는 미에 대한 관념과는 양립하지 않는다. 개인 주택에서는 경제 면에서 전력을 절약하려고 오히려 교묘히 처리하고 있지만, 손님을 상대로 하는 집은 복도, 계단, 현관, 정원, 대문 등에, 아무래도 등불이 많게 되어, 다다미방이나 정원 연못의 밑바닥을 얕게 해 버리는 것이다. 겨울에는 그쪽이 따뜻하여 도움이 될 때도 있겠으나, 여름밤은 어떤 그윽하고 깊숙한 피서지로 달아나더라도, 그곳이 여관인 한 대개 미야코 호텔과 같은 비애에 부닥치게 된다. 그렇기 때문에 나는 내 집에서 사방의 덧문을 열어 젖히고, 어둠 속에 모기장을 치고 누워 있는 것이, 서늘하게 보내는 최상의 방법이라 알고 있다.

●

　요사이 어느 잡지에선가 영국의 할머니들이 푸념을 하고 있는 기사를 읽었더니, 자기들이 젊었을 때는 노인을 소중히 하고 애써 돌봐 주었는데, 요즘 아이들은 우리들을 조금도 챙겨 주지 않고, 노인이라면 구중중한 것처럼 생각하여 곁에도 다가오지 않으며, 옛날과 달리 지금 젊은 사람들의 기질이 매우 달라졌다고 탄식하여서, 어느 나라나 노인은 같은 사정을 말한다고 느꼈지만, 인간은 나이를 먹음에 따라 무슨 일이든 간에 옛날 것이 좋았다고 믿어 버리는 것 같았다. 그래서 백 년 전의 노인은 이백 년 전의 시대를 그리워하고, 이백 년 전의 노인은 삼백 년 전의 시대를 그리워하여, 어느 시대에나 현 상태에 만족하는 일은 없는데, 특히 최근에는 문화의 진보가 급격한 데다, 우리나라는 또 특수한 사정이 있어서, 메이지유신 이후의 변천은 그 이전의 삼백 년 오백 년에 해당할 것이다. 이와 같이 말하는 내가, 역시 노인의 말투를 흉내 내는 연배가 된 것이 우스꽝스럽지만, 현대의 문화 시설이 오로지 젊은이들에게 아양 떨고, 점점 노인에게 불친절한 시대를 만들고 있는 것은 확실한 것처럼 생각된다. 성급한 말이지만, 거리의 교차로를 구령에 따라 횡단하게 되면, 이제 노인들은 안심하고 거리에 나갈 수가 없다. 자동차를 몰고 돌아다닐 수 있는 신분의 사람은 괜찮지만, 나 같은 사람도 가끔 오사카에 나가면, 이쪽에서 맞은편으로 건너가는 데 운신運身하기가 어렵다. 횡단금지 신호부터가, 교차로의 한복판에 있는 것은 보기 좋지만, 측면에서 빨간색의 전등이 명멸하는 것을 알아보기 어렵고, 넓은 교차로에서는 측면 신호를 정면 신호로 잘못 보기도 한다. 교토에 교통순경이 서 있게 되면서는 이제 끝이구나 절실히 느낀 적이 있는데, 오늘날 순일본식 거리의 정취는 니시노미야西宮, 사카이堺, 와카야마和歌山, 후쿠야마福山 그 정도의 도시에 가지 않으면 맛볼 수 없다. 음식도 대도시에서는 노인들의 입에 맞는 것을 찾아내기란 힘이 든다. 앞서도 신문기자가 뭔가 색다르면서도 맛있는 요리를 알려 달라고 하기에, 요시노吉野의 산간벽지 사람이 먹는 감잎스시 만드는 법을 말했었다. 이 기회에 여기서도 말해 두는데, 쌀 한 되에 술 한 홉을 타서 밥을 짓는다. 술은 솥이 솟구칠 때에 넣는다. 그리고 밥이 뜸 들면 완전히 식을 때까지 식힌 다음에, 손으로 소금을 치고 단단하게 주먹밥을 만든다. 이때 손에는 조금이라 도 물기가 있어서는 안 된다. 소금으로만 만드는 것이 비결이다. 그러고 나서 별도로 얼린 연어를 얇게 썰어 밥 위에 얹고, 감잎의 표면을 안쪽으로 하여 싼다. 미리 말린 행주로 감잎과 연어의 물기를 충분히 제거해둔다. 다 되면 스시통이든 밥통이든 바싹 말려 두고, 빈틈이 없도록 스시를 채워 넣고 누르는 뚜껑을 덮은 뒤, 김장돌 정도의 무거운 돌을 올려놓는다. 하룻밤 담가 놓으면 다음 날 아침부터 먹을 수 있는데, 그날 하루가 가장 맛있으며, 이삼 일은 먹을 수 있다. 먹을 때에 여뀌 잎으로 초를 끼얹어야 한다. 요시노에 놀러간 친구가 너무 맛있어서 만드는 법을 배워 전수해 준 것인데, 감나무와 얼린 연어만 있으면 어디에서나 만들 수 있다. 물기를 없애는 것과, 밥을 완전히 식히는 것만 잊어버리지 않으면, 시험 삼아 집에서 만들어 보아도 과연 그 맛을 알 수 있다. 연어의 기름과 소금기가 마침맞게 간으로 밥에 스며들어가, 연어가 오히려 날고기처럼 부드러워진 상태는 뭐라 말할 수 없다. 도쿄의 손으로 뭉친 스시와는 다른 맛으로, 내게는 이것이 입에 맞아 올 여름에는 이것만 먹으며 지냈다. 평상시에도 많이 먹어 왔던 자반연어를 이렇게 먹는 방법도 있었던가 싶었고, 물자가 부족한 산촌 사람들의 지혜에 감탄했다. 그리고 이런 여러 가지 향토요리를 둘러보면, 현대에는 도시인보다 시골 사람의 미각이 훨씬 더 확실하고, 어떤 의미에서 우리의 생각이 미치지 못하는 화려함이 있다. 그래서 노인들 중에는 점차 도시를 단념하고 시골로 은둔하는 사람도 있는데, 시골 거리도 은방울꽃 모양의 장식용 가로등 따위가 설치되어 해마다 교토처럼 되기 때문에, 그렇게 안심하고 있을 수는 없다. 오늘날 문명이 일단 진보하면 교통기관은 공중이나 지하로 옮겨가고, 거리의 길바닥은 옛날로 돌아갈 것이라는 설도 있지만, 어쨌든 그 무렵에 또다시 새로운 노인 이지메 설비가 생겨나게 될 것은 자명하다. 결국 노인은 틀어박혀 있으라는 것이 되므로, 자기 집에 웅크리고 앉아 손수 만든 음식을 안주 삼아 저녁 반주를 기울이면서, 라디오나 듣는 것 말고는 할 일이 없어진다. 노인들만이 이런 불평을 하는가 하면 반드시 그렇지만은 않아 보인다. 최근 〈오사카아사히신문〉의 '덴세이진고天聲人語'란에, 시 공무원들이 미노오箕面 공원에 드라이브 길을 만들려고 함부로 삼림을 벌채하고 산을 헤쳐 버린 것을 꾸짖고 있었는데, 그것을 읽은 나도 그 공무원의 행동을 의아하게 생각했다. 깊은 산속 나무 아래의 어둠조차 빼앗아 버리는 것은, 심각하게 말하면 생각이 없는 행위이다. 이 상태라면 나라나 교토 그리고 오사카의 교외나, 명소라는 명소는 대중화되는 대신에, 점점 빡빡 깎은 머리처럼 민둥산이 될 것이다. 그러나 요컨대 이것도 일종의 푸념이고, 나만 해도 오늘날 변화하는 세상의 고마움을 알고 있으며, 지금에 와서 뭐라고 하기는커녕, 이미 일본이 서양 문명의 대열에 발을 내디디기 시작한 이상, 노인 따위는 내버려 두고 용왕매진勇往邁進할 밖에 도리가 없다는 생각도 든다. 그렇지만 우리의 피부색이 변하지 않는 한, 우리에게 부과된 손해는 영구적으로 짎어지고 가는 것이라고 각오하지 않으면 안 된다. 더욱이 내가 이런 글을 쓴 취지는, 몇몇 방면, 예를 들면 문학·예술 등에 그 손실을 보전할 길이 남아 있지는 않을까 생각해서였다. 나는 우리가 이미 잃어 가고 있는 그늘의 세계를 오로지 문학의 영역에서라도 되불러 보고 싶다. 문학이라는 전당의 처마를 깊게 하고, 그 벽을 어둡게 하고, 지나치게 밝아 보이는 것은 어둠 속으로 밀어 넣고, 쓸데없는 실내 장식을 떼 내고 싶다. 어느 집이나 모두 그런 것이 아닌, 집 한 채 정도만이라도 그런 집이 있었으면 좋을 것이다. 자, 어떤 상태가 되는지, 시험 삼아 전등을 꺼 보는 것이다.

_ 1933. 12

게으름을 말한다

이 장의 원래 제목은 란다노세츠懶惰の說이다.
란다는 일본어로 '게으름을 피우는 것'을 뜻하지만
여기서는 '게으름'으로 옮겼다.

란다懶惰라는 것은 간단히 말해서 '게으름 피우는 것'이다. 보통 란다의 '懶' 대신에 '憖'를 써서 '憖惰'라 쓰는 것을 일반적으로 받아들이는데, 그것은 틀리고, 역시 '懶惰'가 올바른 듯하다.[1] 간노 도메이 씨의 《지겐字源》에 근거해 살펴보면, '憖'는 '憎憖' 등으로 쓰여, '미워하다' 또는 '싫어하다'의 뜻이다. '懶'은 '나른하다', '게으름 피우다', '게을리하다'의 뜻으로, 유관柳貫의 시에,

借得小窓用吾懶
五更高寢聽春雷

라는 인용구가 예로 들어져 있다. 나아가 《지겐》을 보면 허월경許月卿의 시에, '半生懶意琴三疊', 두보杜甫의 시에, '懶性從來水竹居' 등이 있다.

이상의 예에서 알 수 있듯이, 란다는 '게으름 피우는 것'이 틀림없지만, '나른함', '귀찮음'이라는 마음가짐이 다분히 포함되어 있다는 사실을 놓쳐서는 안 된다. 그래서 한층 주의해서, '작은 방을 얻어서 게으름을 피운다'라 하고, '반생에 게으른 뜻은 가야금 하나'라 하고, '종래 게으른 성품 대숲에 살고'라 하여, 모두 '나른한' 생활 가운데 나름대로 별천지가 있음을 알아, 거기에 안주하여 그것을 그리워하고 즐

1
간노 도메이簡野道明 1865-
1938, 한학자. 중국으로
유학을 다녀온 뒤 고서 수집 및
한학 연구에 노력했다.
《논어와 맹자정선》, 《당시선
상세 해설》 등의 저서가 있다.

기고, 어떤 경우에는 그런 경지를 보거나 얻을 수 있는 경향이 존재하는 것이다.

이 같은 마음가짐은 중국만이 아니라 예로부터 일본에도 있어서, 대대로 [2]단카 시인이나 [3]하이쿠 시인의 노래 가운데 예를 찾아보면 정해진 수에 한이 없을 터이지만, 그중에서도 [4]무로마치 시대의 [5]오토기조 시 가운데에는 《게으름뱅이物臭太郎》라는 소설마저 지어졌다.

……그냥 이름을 게으름뱅이라 불릴망정 집짓기의 장인으로 뛰어나서 칭송받고 있다오. 사방에 매립지를 만들고, 세 방향으로 문을 세우고, 동서남북으로 연못을 파고, 섬을 만들고 소나무 삼나무를 심고, ……면綿을 가지고 천정을 두르고, 도리, 들보, 짜 넣은 서까래에는 백은白銀 황금黃金을 쇠붙이 안에, 영락瓔珞의 주렴을 걸고, 마구간에 이르기까지 멋지게 꾸며서 살아야지 마음으로는 생각해도, 이것저것 모자라면 다만 대나무 네 그루 세우고 줄을 쳐서 시치미를 뗀다네. ……비록 만들지는 못할망정, 발톱의 때, 벼룩, 이, 양지 이끼에 이르기까지 모자라다고 할 게 없다오. 진짜가 아니라면 팔지 않고, 물건을 만들지 않으면 먹지 않았네. 네댓새 지나도 일어나지 않고 엎치락뒤치락했도다.

[2]
단카短歌는 일본의 전통적 시가를 대표하는 단시로 5구 31음절로 되어 있다.

[3]
하이쿠는 일본의 전통 시 가운데 가장 짧은 시로 5, 7, 5의 운율을 지닌 17자로 이루어진다.

[4]
무로마치室町 시대 1336-1573. 천황을 받드는 정권과 무신정권이 양립하던 가마쿠라 시대 다음으로, 무신정권이 온전히 단독으로 집권한 때부터를 일컫는다.

[5]
오토기조시伽草紙는 아녀자와 노인을 위한 소박한 단편소설의 총칭이다.

라고, 이런 쓰기로 붓을 놀리는 이 이야기는 순연히 일본인 방식의 착상으로, 중국 소설을 베꼈다고는 생각할 수 없다. 아마도 당시 영락했던 벼슬아치들이, 그야말로 작자 자신이 주인공 게으름뱅이처럼 생활을 이어 가고, 따분함을 잊으려 이런 이야기를 썼던 것 같다. 그리고 그런 까닭도 웬만큼 있겠지만, 작자는 이 감당할 수 없는 게으름 피우는 주인공을 배척하지 않을 뿐만 아니라, 그 게으름, 불결함, 뺀들거림에 일종의 참작해야 할 애교를 띠게 하는 것이다. 이웃 가까운 곳의 사람들로부터는 따돌림받고, 지역의 애물단지처럼 씌어 있지만, 거지인가 생각하면 마을 수령의 위력을 두려워하지 않는 정도의 기골이 있다든지, 바보인가 생각하면 시대의 제왕의 예문叡聞에 달할 정도의 6와카에 재능이 있다든지 해서, 당당히 끝 무렵에는 오타가御多賀의 7다이묘진이라 할 신으로까지 모셔진다.

옛날 페리호가 8우라가에 왔을 때, 그들이 일본인에 대해서 제일 마음속 깊이 감동했던 것은, 다른 아시아 민족과 달라서 무척이나 아름다움을 좋아하고, 항구의 거리나 집집마다 청소가 잘 되어 있었다고 하는 점이었다. 그처럼 일본인은 동양에 사는 인종 중에서는 가장 활동적이고, 가장 게으름을 피지 않았다는 셈인데, 그런데도 한편 이 '게으름뱅이' 같은 사상을 가진 문학을 가지고 있는 것이다. '게으름

6
와카和歌는 중국 한시에 대항하는 일본 고유의 시로 지어졌으나, 시간이 흐르면서 한시를 뛰어넘어 고유의 자리를 잡았다.

7
다이묘진大明神은 신의 이름 뒤에 붙이는 존칭이다.

8
우라가浦賀는 도쿄 아래에 있는 바닷가 마을로 1853년 미국의 페리 제독이 개항을 요구했던 곳이다.

피움'이라 함은 결코 칭찬받을 이야기가 아니며, 누구라도 '게으름 피우는 이'라 불리는 것을 명예로 생각하지는 않지만, 그러나 다른 한편에 있어서는, 일 년 내내 아득바득 일하는 이를 냉소하고, 때로는 속물 취급하려는 생각은 오늘이라 하더라도 전연 없지는 않다.

●

　여기까지 써 놓고 나서 생각나는 것은, 요즈음 여러 날에 걸쳐서 〈오사카마이니치신문〉 지면에 연재되었던 '미국 기자단이 본 일본과 중국'이라는 기사이다. 이것은 최근 미국 신문기자단이 동양으로 시찰 여행을 와서, 귀국 후에 거짓 없는 감상을 낱낱이 지상에 발표한 것 가운데, 오사카마이니치신문사의 다카이시 신고로高石眞五郎 씨가 재미있는 부분부분을 소개하고 있는 것으로, 오늘까지는 주로 중국의 험담이 많고, 아직 일본 차례가 돌아오지는 않았지만, 그런 분위기라면 중국보다 일본 쪽에 훨씬 호감을 가지고 있는 듯하다. 그들은 중국에 도착하자마자, 처음에 기차가 불결한 것에 질려서, 지독하게 속이 뒤집혔다. 게다가 그들이 탔던 차량은 결코 보통 객차가 아니고, [9]장쉐량 씨가 그들 때문에 특별히 경봉철도 가운데 가장 좋은 차량을 준비

9
장쉐량張學良 1901-2001.
근대 중국의 만주군벌이자
정치가이다.

시켰던 것인데, 그럼에도 불구하고 그들은 만족스럽게 얼굴을 씻는 일도 수염을 깎는 일도 할 수 없을 만한 언어도단言語道斷에 맞닥뜨렸다. 여기에는 여러 가지 끊이지 않는 국내의 분쟁이라든가 재정의 궁핍이라든가 그런 사정도 있겠지만, 지금의 만주는 중국에 있어서 가장 질서가 잘 지켜지는 유복한 지방이고, 요 몇 해 사이에는 내란도 종식되어 있는 형국이라 본다면, 마땅히 변호하기에 충족될 만한 구실은 아니다. 이처럼 나 자신도 일찍이 경한철도의 일등칸에 탔을 때 그들과 같은 경험을 맛보았던 기억이 있다. 베이징北京에서 한커우漢口까지 대충 40시간 사이에, 비가 새는 정도는 둘째치고, 지저분한 이야기이지만, 무엇보다 곤란했던 것은 변소 청소가 불완전한 것으로, 나는 절박한 필요에 쫓기면서도 몇 번이나 입구에서 되돌아온 적이 있다.

 생각하니 이 같은 청결하지 못함과 규율이 없는 생활은, 어느 시대를 막론하고 중국인에게는 벗어나지 못할 통유성通有性이었고, 어떤 진보한 과학적 설비가 이입되었다 해도, 한번 그들의 경영에 맡겨진다면 갑자기 그것이 중국인의 독특한 '게으름 피우기'에 따라, 모처럼의 근대적인 첨예한 이기利器라도 동양풍의 둔중한 물건으로 바뀌고 만다. 청결과 정돈을 문화의 제일조건으로 여기는 미국인들의 눈에는 허용하지 못할 게으름이나 뺀들거림으로 보이겠지만, 중국인 자신은 어지간해서 형편에 맞지 않더라도, 쓰기에 족하다면 내버려 둔다는 듯한, 전통적으로 굳어진 성질이나 버릇은 쉽게 고치려 들지 않는다. 그래서 때에 따라서는 서양인의 극단적인 규칙투성이와 신경질을 지나치게 호들갑스럽게 여기는 취향도 보인다. 서양의 예의와 예법으로 말한다면 일마다 반감을 나타내는 것인데, 제 나라의 풍습대로 일부다처 제도마저 시인하였던 만년의 [10]구훙밍 옹 등은, 틀림없이 이런 사상에 대해서도 상당한 의견이 있었던 듯하다. 그렇다면 인도의 타고르 옹, 간디 씨 등은 어떻게 말할 것인가. 그들 나라도 게으름 피우기에 있어서는 아마도 중국에 뒤지지 않을 듯한데.

이것은 여담이지만, 미국 기자는 외국으로부터 돈을 빌려서 원금도 이자도 갚지 않는 불신을 공격하고, 이 점에 있어서도 "[11]난징정부는 모스크바와 꼭 닮았다"고 말하고 있다. 그렇지만 단순히 금전상의 문제만이 아니라, 불결한 것도 이 양 국민은 매우 통하는 데가 있지 않을까. 다만 어느 쪽이 본가인지 알 수 없지만, 내가 아는 한에 있어서, 백인 가운데에는 러시아인이 가장 더럽다. 러시아인이 많이 머물고 있는 호텔의 변소는 대개 중국 기차의 그것과 거의 같은 모습을 드러낸다. 러시아인이 서양인 가운데 가장 동양인에 가까운 점은 이 한 가지에서도 증명되리라 생각한다.

10
구훙밍辜鴻銘 1857-1928, 근대 중국의 문필가로 유럽에 유학하기도 했으나, 극단적인 서양 기피증의 글을 썼다.

11
난징정부南京政府는 중국의 중화민국 시대에 난징을 수도로 한 정부의 약칭이다.

●

 어쨌건 '게으름 피우기', '귀찮아 함'은 동양인의 특색으로, 나는 우선 이것을 '동양적 게으름'이라고 이름 붙인다.

 그런데 이러한 기풍은 불교나 장자의 무위사상, '게으른 자의 철학'에서 영향을 받은 것이지만, 실은 그런 '사상' 등에 관계없이 더욱 비근한 일상생활의 여러 방면에 걸쳐져 있어, 그 뿌리는 뜻밖에 우리들의 기후, 풍토, 체질 등에서 깊이 배태해, 불교나 장자의 철학은 어쩌면 이러한 환경이 거꾸로 생겨나게 한 것이라고 생각하는 쪽이 자연스럽다고 본다.

 게으른 자의 '철학'이나 '사상'만이라면 서양에도 굳이 없다고는 하지 못한다. 고대의 그리스에는 디오게네스 같은 일종의 게으름뱅이도 있는데, 그러나 그것은 철학적 견지에서 출발한 학자로서의 태도였고, 일본이나 중국에 무수히 굴러다니는 게으름뱅이 인종처럼, 다만 아무 이유 없이 굼뜬 나날을 보내고 있던 것은 아니었다. 저 시대의 금욕주의 철학이라는 것은, 소극적이지만 물욕을 정복하려는 일념이 강해 다분히 노력과 의지를 요구하고, '해탈'이라든가, '진여'라든가, '열반'이라든가, '대오철저'라든가 하는 경지와는 상당히 동떨어져 있는 듯하다. 그래서 또 선인이다 은자다 이르는 것도 없는 것은 아니지만,

그들의 대부분은 이른바 '철학자의 돌'을 발견하려는 연금술사 유형이고, 마치 중국의 [12]갈홍선인처럼, '무위'라든가 '게으름 피우기'라고 말하기보다는 어쩌면 '신비'한 관념과 결부되는 듯이 상상된다.

근대에 있어서 '자연으로 돌아가라'는 말을 부르짖은 장 자크 루소의 사상은 어느 정도 노장老莊의 사상과 상통하는 바가 있다고 일컬어지지만, 나는 실은 그야말로 게으름 피우기 때문에 아직 《에밀》 같은 책조차 읽은 적이 없기에 뭐라 말할 수 없다. 그러나 그런 사상이나 철학이 어쨌든 실제의 일상생활에 있어서 서양인은 단적으로 '게으름뱅이'도 아니려니와 '게으름 피우기'도 아니다. 그것은 그들의 체질, 표정, 피부색, 옷차림, 생활양식 등 모든 조건으로부터 그렇게 되었기에, 가끔 뭔가 사정 때문에 불결이나 규율을 어기는 일을 어쩔 수 없이 저지르는 일은 있을지라도, 동양인이 게으름 가운데 갖는 어떤 편안한 별세계를 타개한 듯한 마음가짐은 꿈에도 이해할 수 없으리라. 그들은 가진 사람도 없는 사람도, 노는 사람도 일하는 사람도, 노인도 청년도, 학자도 정치가도, 실업가도 예술가도 노동자도, 똑같이 진취적이고 분투적인 점에 있어서 차별이 없다.

"동양인이 정신적 또는 도덕적이라 함은 결과적으로 무엇을 의미하는가. 동양인은 덧없는 세상을 버리고 산중으로 은둔하고, 홀로 명상

---

[12]
갈홍葛洪 283-343(?).
중국 진나라 때의 학자. 도사.
연금술사이다. 《포박자》,
《신선전》 등을 지었다.

에 잠겨 있는 듯한 사람을 성인이라 부르고 고결한 선비라 부른다. 그러나 서양에서는 그런 인간을 성인라든지 고결한 선비라 생각하지 않고, 단지 일종의 이기주의자에 지나지 않는다. 우리는 용감하게 거리로 나가, 병든 자에게 약을 주고, 가난한 자에게 물자를 베풀고, 사회 일반의 행복을 증진하기 위하여 몸을 희생하며 일하는 사람을 참된 도덕가라 이르고, 그런 일을 정신적인 사업이라 이르는 것이다."-라고, 대개 이런 취지의 말을 존 듀이가 써 놓은 것을 읽은 적이 있는데, 이것이 서양인에게 있어서 일반적인 생각의 표준,-상식이라고 한다면, 아마도 '게으름'이라 이르는 것, '아무것도 하지 않고 있다'고 이르는 일은 그들의 눈으로 보아서 악덕 중의 악덕이리라. 우리 동양인이라 할지라도, 누구도 '게으른 것'이 '일하는 것'보다 정신적이라고 끝내 주장하려는 뜻은 아니므로, 이 미국 철학자의 학설에 정면으로 반대할 용기는 없고, 그렇게 당당히 태도를 바꾸어 강하게 나온다면 슬쩍 넘기기에도 어려운 것인데, 대체 서양인의 '사회를 위하여 몸을 희생해 일한다'고 이르는 것은 어떤 경우를 가리키는 것인가.

  예를 들어 기독교의 운동에 '구세군'이라는 단체가 있다. 나는 그 사업 나름대로 거기에 어울리는 사람들에 대해서 경의마저 품고 있으며, 결코 반감이나 악의를 간직한 사람이 아니다. 그러나 그 동기가 무엇이든 불구하고, 저토록 거리에 서서 격렬한, 빠른, 성급한 말투로 설교한다든지, 자유폐업의 원조에 분주하다든지, 빈민가를 집집마다 두드려 위문품을 안긴다든지, 한 사람 한 사람 행인의 소매를 붙잡고서 자선냄비에 기부를 권하는 전단지를 나눠 주는 일 같은, 답답한, 자잘하고 바지런한 방식은, 불행하게 동양인의 기풍에 맞지 않는다. 그것은 이치를 초월한 기질의 문제이고, 동양인으로서는 당연히 서로 풀었을 심리이다. 저런 운동을 하자면, 우리는 발끝부터 곧추세우듯 이 부산스런 기분이 들 뿐이며, 차분해지는 동정심이나 신앙심은 조금도 솟아나지 않는다. 사람은 흔히 불교에서의 포교나 구제의 방법이 기독교에 견주어서 고답적인 것이라 공격해도, 실은 그쪽이 끝판에 있어서 국민성에 들어맞는 것이다. [13]가마쿠라 시대의 [14]니치렌종이나 [15]렌뇨 시대의 진종眞宗이 무척 적극적 능동적이었다 해도, 돌아갈 바는 [16]칠자의 제목이나 [17]육자의 명호에 있고, 그런 분위기로 현세적인 소소한 일에까지 연계되어 있는 것은 아니다. 선종禪宗의 [18]도겐과 같이 "불교를 위한 인생이지 인생을 위한 불교는 아니다"는 식으로 생각했던 듯하다. 기독교와는 천리의 차이가 있는 듯이 생각된다.

제갈공명諸葛孔明이 유비현덕劉備玄德에게 세 번이나 초려를 놀라게 해

---

[13]
가마쿠라鎌倉 시대 1192-1333, 헤이안 왕조를 무너뜨리고 13세기에 시작하는 일본 최초의 무신정권이다.

[14]
니치렌종日蓮宗은 일본 불교의 한 종파로, 우리나라에서는 일련정종日蓮正宗이라고 한다.

[15]
렌뇨蓮如 1415-1499, 무로마치 시대에 정토진종의 제8대 종주이다.

[16]
칠자七字는 니치렌종의 핵심 신앙인 '나무묘법연화경'을 가리킨다.

[17]
육자六字는 여섯 자의 명호名號로 곧 '나무아미타불'을 뜻한다.

[18]
도겐道元 1200-1253, 일본에 처음으로 선불교인 조동종曹洞宗파를 열었다.

서, 어쩔 수 없이 무거운 허리를 일으킨 것은 《삼국지》에서 잘 알려진 이야기이다. 우리는 만약 공명이 현덕에게 이끌려 나가지 않고, 좀 더 빨리 세상에 나가서 활동했다 한다면 그것 또한 충분한 일이라 생각하지만, 웬만큼 현덕이 간청하여도 달아나 숨어 나타나지 않고, 한운야학閑雲野鶴을 벗 삼아 세상을 마쳤다면, 그 마음가짐에도 꽤나 동정할 수 있을 것이다. 중국에서는 예부터 '명철보신明哲保身의 길'이라는 말이 있어서, 소란을 피해서 일신을 온전히 하는 것도 또한 하나의 처세술로 생각하고 있다. 전국시대에 소진蘇秦이 비단을 걸치고 고향으로 돌아와, "내가 변두리의 밭 이 경만 가졌더라면, 어찌 육국六國의 상인相印을 차랴"라고 했다나 어쨌다나 위세를 부렸다는 이야기가 있는데, 입신출세하여 여섯 나라의 재상 도장을 차는 것도 좋겠지만, 변두리 밭 이 경을 갈면서 생애를 시골에 파묻히는 것도 나쁘지는 않다. 다만 이런 말을 해서 득의 넘치는 소진이라는 남자는, 뭐랄까 요즘의 국회의원 같아서, 공명 같은 이에 견준다면 크게 품격이 떨어지는 듯하다. 사실 동양에서는 소진 형보다 공명 형의 인물 쪽이, 단순히 품격만이 아니라, 본질적으로도 걸출했던 예가 많은 것이다.

●

  나는 이즈음 여러 가지 영화잡지에 실려 있는 할리우드의 시네마스타들의 사진을 보고, 때로 이상한 느낌이 든 적이 있다. 이렇게 말하는 것은, 그들의 얼굴을 크게 그려 놓은 포스터를 보면, 거의 한 사람의 예외도 없이 모두 이를 드러내 웃고 있다. 그리고 이것 또한 한 사람의 예외도 없이, 그이가 어떤 배우라도 실로 훌륭한 진주처럼 낱낱이 가지런하고 새하얗게 나란한 것이다. 그런데 그들의 표정을 자세히 바라보면, 그 웃는 얼굴이 아무래도 웃고 있다고는 생각할 수 없고, 웃으려다 어쩌지 못하여서 입술을 열어 나란한 이를 보여 주려는 듯하다고밖에 볼 수 없는 것이다.

  흔히 일본의 여자아이가 욕설을 뱉을 때에 '잇' 이라 하며 이를 내미는데, 꼭 그것과 같다. 그런 느낌이 여자 배우의 경우에는 그렇게 극단적이지 않지만, 남자 배우의 경우에는 특히 뚜렷하게 드러난다. 이런 기분이 드는 것은 대체로 나 한 사람만은 아니다. 독자 여러분이 만약 의아스럽다면 빨리 《클래식》이라도 펼쳐서 시험 삼아 보면 된다. 조금이라도 그렇게 생각된다면 어떤 배우의 초상이라도 '웃는 얼굴'이 갑자기 '이를 내밀고 있는 얼굴'로 보이는 것이 몹시 묘하다.

  문화가 진전된 인종일수록 이를 손질하는 것을 중요하게 여긴다.

치열의 아름다움이 어떤가에 따라 그 종족의 문명 정도가 추측된다고 말한다. 그것이 정말이라면 치과의학이 가장 진보한 미국이야말로 세계 제일의 문명국이고, 짐짓 꾸민 듯 무표정하게 웃는 얼굴을 짓는 배우들은 "나는 이대로 문명인이야"라고 과시하고 있는지도 모르겠다. 그리고 나처럼 태어나면서 가지런하지 못한 이를 가진 놈에, 그것을 치료하려 하지도 않는 사람은, 일찍이 고故 [19]오오야마 원수의 곰보 자국 얼굴이 그렇게 여겨졌듯이, 어이없이 미개인의 표본으로 여겨진대도 어쩔 수 없다. 더욱이 요즈음 일본인이라도, 나 같은 사람은 예외로 하더라도, 조금 번화한 도시에서는 어디에 가더라도 미국 방식의 치과가 번창하고 있어서, 그중에는 뇌빈혈을 일으킬 정도는 각오한 채, 너끈히 사용할 수 있는 부모에게 받은 이를 뽑는다든지 자른다든지 해서 인공적인 장식을 시술한다. 그 탓인지 모르겠지만, 근래 도시인의 이는 날로 아름다워져서, 옛날 같은 가지런하지 못한 이나 덧니나 충치는 두드러지게 적어졌다. 남녀를 가리지 않고 예의나 용모에 신경 쓰는 사람은, 칫솔 하나를 사는 데도 코린스라든지 펩소덴트라든지 미국의 수입품을 써서, 열심히는 아침저녁으로 두 번이나 이를 닦는다. 그러므로 일본인의 이는 하루하루 새하얀 진주색이 되고, 그것만으로 미국에 가깝게 문명인이 되어 가고 있다. 사람에게 쾌감을

[19]
오오야마 이와오大山巖
1842–1916, 사츠마薩摩번
출신으로 육군 원수, 참모총장
등을 역임하고 청일전쟁과
러일전쟁에서 큰 공을 세웠다.

주는 것을 목적으로 하려는 이상 이것은 나쁜 일이 아니다. 그렇지만 원래 일본에서는 덧니나 충치로 인해 가지런하지 못한 이를 자연스러운 애교로 받아들이는 것이어서, 너무 빛깔이 새하얀 이가 아름답게 죽 나란히 있는 것은, 어쩐지 잔혹 잔인한 느낌이 들게끔 한다. 그래서 도쿄, 교토, 오사카 등 대도시의 미인이라는 사람은 (아니 남자라도 그렇지만), 대체로 이의 바탕이 나쁘고 또 가지런하지 않았다. 특히 도쿄 여자의 이가 더럽다는 것은 거의 정설이 되어 있다. 내가 아는 바로는 오히려 규슈九州 언저리의 헨쓰우漫諏 사람에게 치열이 아름다운 이가 많았다. (이것은 규슈 사람이 박정하다고 말하는 것이 아니므로 화내서는 안 된다.) 또 늙은이는 담배 탓에 누렇게 더럽혀져 상아 같은 빛깔을 띠고 있는 것이, 흰머리가 섞인 성긴 나룻 사이로 보인다든지 하면 꽤나 노인답게 피부 빛깔과도 잘 조화가 되어, 한가로이 유유하게 쫓기지 않는 느낌을 안겨 주게 되는 것으로, 그 가운데 하나나 두 개쯤 빠진 채 버려두는 것도 결코 그다지 보기에 괴롭지는 않다. 이제 이런 누런 이를 가진 노인은 시골에라도 가지 않는 한 일본에서는 볼 수 없게 되었지만, 중국이나 조선에 가면 쌔고 쌨다. 노인의 이가 새하얗게 가지런한 것은 적어도 동양인의 용모와는 조화가 되지 않는다. 틀니를 하더라도 가급적 자연에 가깝게 해야만 하는데,

나이 들었다는 핑계로 너무 젊고 아름답게 하는 것은, '사십 넘어 두꺼운 화장', 정말로 불쾌한 것이다.

●

[20]가미야마 소진의 이야기를 듣노라면, 미국에서는 예의범절이 실로 요란스럽다. 남자가 여자 앞에서 육체의 일부를 보여 주어서도 안 되는 것은 물론, 코를 풀어서도 훌쩍여서도 기침을 해서도 안 된다. 그러므로 감기라도 걸렸을 때는 어느 곳에도 나가지 못하고, 하루 종일 집에 처박혀 있을 도리밖에 없다고 한다. 이런 형편이라면, 지금의 미국인은 콧구멍부터 똥구멍까지 핥아도 좋을 만큼 깨끗이 청소를 하고, 누운 똥마저 사향노루 같은 냄새를 풍기듯이 하지 않으면 참말 문명인이 아니라고 말할는지 모른다.

이와 비슷한 이야기는 일찍이 고 [21]아쿠타가와 군에게서 또 들었던 것인데, [22]나루세 세이치 씨가 독일에서 어떤 집에 손님으로 초대받아, 아쿠타가와 군의 《어떤 날의 오이시 쿠라노스케大石內藏助》를 그 자리에서 번역하여 읽게 되었을 때, "쿠라노스케는 일어서서 뒷간으로 갔다"라는 구절에 이르러서 '곁'이라고 더듬거렸다. 그리고 당당히 '뒷간'이

---

[20] 가미야마 소진上山草人 1884-1954. 1920년대 할리우드에서 활동한 일본 배우이다.

[21] 아쿠타가와 류노스케 芥川龍之介 1892-1927. 소설가. 나쓰메 소세키의 제자로 정교하고 치밀한 구성과 다양한 문체를 구사하여 문단에서 확고한 지위를 구축했으나, 35세에 자살하였다. 업적을 기리기 위해 아쿠타가와 상이 제정되었다.

[22] 나루세 세이치成瀨正一 1892-1936. 소설가로 〈신시쵸新思潮〉 동인으로 활동했다.

라는 말을 번역하지 못하고 말았다고 말하는 것이었다.

²³폴 모랑의 소설에는 '뒷간'이라는 말이 자주 나오기 때문에, 요즈음의 프랑스는 그 정도는 아닌 것도 같지만, 대체로 서양인이라는 사람들은 이와 같은 일에 꽤나 신경을 쓰는 버릇이 있어, 그것을 문명인의 자격이라 마음에 새긴 듯하다.

●

톨스토이의 《크로이체르 소나타》를 읽은 사람은 잘 아시리라. 내용을 보면 소설의 주인공은 유럽의 소위 문명인의 생활 습관을 극구 비난하고 있다. 그들의 평상시 음식이나 부인의 옷차림 등을 보면 매우 자극적 적극적으로, 아무튼 열정을 도발할 목적이라고밖에 할 수 없으면서, 다른 한편으로 예법과 예절을 요란스레 말하는 것은 허위이다ㅡ라고, 지금 그 책이 손에 없으므로 확실히 생각나지 않지만 분명히 그런 의미로, 나는 그것을 읽었을 때, 어쨌거나 톨스토이는 러시아인이라 생각했다.

실제로 신사가 사교 모임 같은 데에서, 수갑과 차꼬 같은 예복을 입은 저 유혹적인 부인의 옷차림을 앞에 두고, 트림을 해도 딸꾹질을 해

23
폴 모랑Paul Morand 1888-1976. 프랑스의 시인, 소설가로 제1차 세계대전 이후 퇴폐와 혼란을 그린 신감각파적인 서정적 필치로 유명하다.

도 수프를 홀짝이는 소리를 내서도 안 되는 등 예법에 속박되어 식탁에 나아간다면, 모처럼 맛있고 보기 좋은 요리를 늘어놓아도 어떻게 잘 먹을 수 있겠는가. 거기에 비하면 중국인의 연회는, '먹는다' '마신다'는 목적을 위해 대개 예의에서 벗어나는 것을 허용한다. 시끄러운 소리를 내도 상이나 식탁을 웬만큼 더럽혀도 상관없이, 여름 같은 때 남쪽에 가면, 주인부터 먼저 웃옷을 벗고 허리 위로는 맨몸이 된다. 일본도 이 점에 있어서 중국과 크게 다르지 않다.

 호텔 식당이라고 하면 가족적이고 화려해서, 구식 여관의 개인적인 것보다 좋다고 말하는 사람이 있다. 그러나 그것은 신사 숙녀가 복장을 뽐내고, 허영심을 만족시키기 위한 곳으로, 먹는 것은 두 번째로 여기는 것처럼 보인다. 유카타浴衣를 걸치고 낮은 탁상에 기댄다든지 다리를 쭉 뻗는다든지 하면서 먹는 쪽이, 위장은 분명히 즐거운 것이다.

 요컨대 서양인의 '문명 시설'이라 부르는, '청결'이라 부르는, '정돈'이라 부르는 것은 미국인의 이와 같은 것은 아닌 것인가? 그렇게 말한다면 나는, 저 희고 더럽혀지지 않은 이를 보면, 어쩐지 서양 변소의 타일을 바른 바닥을 생각하게 되는 것이다.

●

　오늘날 우리가 골치 아픈 이중생활이라 부르는 것도, 의식주의 양식 같은 하찮은 점에 있는 것이 아니라, 그 유래하는 바는 먼저 눈에 보이지 않는 깊은 원인에 의한 것이라 생각한다. 곧 우리는 절대로 다다미가 아닌 집에 살고, 아침부터 밤까지 양복을 입고, 양식을 먹으려 애써 봐도 좀체 계속할 수 없어, 마지막에는 서양식 방에서 화로를 끼고 있다든지, 방석 위에 앉는다든지 하게 되는 것은 역시 뭐라 해도 동양인이 가지는 '깔끔하지 못함'이나 '귀찮음'이 마음 깊은 곳에 뿌리를 내리고 있기 때문이다. 먼저 우리는 식사 시간을 규칙적으로 지키는 일에 고통을 느낀다. 낮에 사무실에서 일하는 사람은 그 사이만큼은 어쩔 수 없이 규칙적이 되지만, 가정으로 돌아오면 바로 불규칙적이 된다. 또 그렇게 하지 않으면 정말로 마음 편히 휴식하고, 한잔 하면서 음식을 먹는 것이 편하지 않다. 그러므로 일터에서 점심을 먹는 많은 일본인은 제대로 된 도시락 대신에 간단한 음식을 매우 서둘러 먹어둘 뿐인데, 고베神戶나 요코하마에 사는 서양인은 그렇지 않다. 가까운 곳에 가정이 있는 사람은 꽤 바쁘다는 경험을 하더라도 반드시 일정한 시간에 집에 돌아와, 식탁에서 긴장을 풀고 식사를 하고, 술을 마시고, 그리고 일정 시간까지는 사무실로 돌아간다. 그렇게 어수선한 경험을 해서 뭐가 즐거울까 말하고 싶어도, 그들은 그런 규칙에 길들여져 있는 것이다. 게다가 양식 요리법은 몇 시 몇 분에 들어 간다고 꼭 맞추어 주지 않으면 요리사를 곤란하게 할 수 있다. 그러므로 일본인은 자주 "몇 시에 드시겠습니까"라고 요리사에게 집요하게 다짐받게 되면 화가 나는 일이지만, 흐리멍덩하게 한다면 아무리 요리가 엉터리가 된다 해도, 요리사는 결코 책임을 지지 않는다.

한 가지 일이 만 가지 일이다. 식기도 젓가락이나 접시라면 대충 씻어 두면 그만인데, 서양 요리는 재료에 기름기가 많고, 은그릇이나 자기나 유리그릇이 많기 때문에, 시종 반짝반짝 닦도록 신경을 쓰지 않으면 안 된다. 우리는 이런 무수한 성가신 구속을 견딘다 할지라도 이중생활을 타파하겠다는 기분으로는 쉽게 되기 어려운 것이다.

●

영국인은 노인이라도 아침부터 짙은 비프스테이크를 먹고, 그리고 왕성히 운동을 해서 정력을 쌓고, 체력을 기른다. 이것도 하나의 건강법임에는 틀림없다. 그러나 게으른 인간의 눈으로 보자면, 자극이 강한 음식을 다량으로 섭취하기 때문에, 싫든 좋든 운동을 하지 않으면 소화가 되지 않는다는 사실에 이르러서는 스포츠도 일종의 고역이다. 그만한 시간을 조용히 독서하는 데라도 쓰는 쪽이 어쩌면 더 유익할지 모르겠다. 하물며 톨스토이의 말처럼, 그 자극 때문에 한층 성욕을 부채질해서 번뇌의 불을 북돋우는 결과가 되고 정력 낭비를 가져오게 한다면, 요컨대 먹는 것을 줄여서 게으른 것과 어느 쪽이 좋은지 알지 못하게 된다.

옛날에, 그래봐야 겨우 우리 할머니가 살았던 시대 무렵에는, 상류층 집의 부인이라는 사람은 거의 일 년 내내 햇빛도 보지 못할 것 같은 살짝 어두운 방 안에 있으면서, 좀처럼 바깥에 나가는 일이 없었다. 교토와 오사카 근방의 옛집에서는 목욕마저 닷새에 한 번 정도였다고 한다. 그리고 노마님이라 불릴 만큼 신분이 되면, 찰싹 들러붙은 채 방석 위를 거의 움직이지 않는다. 지금 생각하면 그렇게 해서 어떻게 살 수 있었을까 불가사의하지만, 그들이 먹는 것이라 해야, 정말로 겨우, 담백한 새 모이만큼 되는 것이었다. 죽, 매실장아찌, 생선, 콩자반, 조림,−나는 지금도 할머니의 밥상 위에 있던 그런 반찬들이 생각난다. 그들에게는 그들에게 상응한 소극적인 섭생법이 있어서, 대부분 활동적인 남자보다도 장수하였던 것이다.

'잠만 자는 것은 독이다'라고 말하지만, 동시에 음식의 양을 줄이고 종류를 줄이면, 그것만으로 전염병 같은 위험에 걸리는 경우도 적다. 칼로리다 비타민이다 시끄럽게 떠드는 시간이나 신경을 쓰는 사이에, 아무것도 안하고 잠에 곯아떨어지는 쪽이 현명하다고 생각하는 쪽도 있다. 세상에는 '게으른 자의 철학'이 있듯이, '게으른 자의 건강법'도 있다는 사실을 잊어서는 안 된다.

●

지금 오사카에서 일류로 꼽히는 늙은 [24]검교의 이야기에, 옛날에는 민요를 부르는 경우에 어지간히 큰 소리를 내서 발음을 명료하게 하면 도리어 하품下品이라 하여 꾸중을 들었다 한다. 정말인가 싶겠지만, 거문고나 [25]사미센에 뛰어난 검교로 성량이 크고 아름다운 사람은 [26]간사이 지방에서는 비교적 적다. 그렇지만 그렇다 해서 악기 쪽을 중요하게 쳐서 노래를 허술히 여긴다는 뜻은 아니다.

실로 차분히 들어 보면, 소리는 작더라도 마디마디는 세밀하게, 여정도 마음가짐도 충분히 전해져 오는 것이다. 다만 그들은, 지금의 성악가처럼 알코올을 줄이고 여색을 절제하면서까지 목을 중요하게 여겨, 성량의 보존에 애쓰는 마음가짐이 없었다. 곧 어디까지나 기분 위

---

[24]
검교檢校는 승려를 감독하고 사찰의 사무를 관장하는 관직 이름이다. 맹인 중에서도 가무나 침, 안마에 능하면 시험을 거쳐 검교직을 받는다.

[25]
사미센三昧線은 줄이 3개이고 목이 긴 일본의 현악기이다. 전통 음악이나 극에서 서정적 서사적 노래의 반주 악기로 널리 쓰인다.

[26]
간사이關西 지방은 일반적으로 오사카 교토, 나라 등을 가리킨다. 일본 지형은 동서로 길게 뻗어 있어 동쪽 지방과 서쪽 지방이 문화·역사적으로 각각 특색을 지니고 있다. 간토·간사이라는 명칭은 지형보다는 문화·역사적 차이를 포함하는 말이다.

주여서, 그런 괴로운 생각을 하며 노래해서는, 불러도 유쾌하지 않다는 것이었으리라. 노년이 되면 성량이 줄고, 주름이 지는 것은 자연의 이치이기에 도리어 거스르려 하지 않고, 자기의 마음이 가지 않는 한 노래 부르려고 하지 않았으리라. 실제 본인으로서 본다면, 술에 취해서 거나해진 때 문득 사미센을 붙잡고 노래하는 것이 아니라면 어떤 재미도 없다는 뜻이다. 이어서 생각하자면, 사람에게 들리지 않을 만큼 가느다란 콧소리로 노래해도, 자신으로서는 기교의 묘는 다하는 것이 가능하고, 삼매경에 빠져드는 것이어서, 극단적으로 말하면 소리를 내지 않고 공상으로 불러도 사실은 족한 것이다.

  자신이 즐겁기보다 남을 즐겁게 하는 것을 주안으로 삼는 서양의 성악은 이 점에 있어서 어딘가 갑갑하고, 노력적 작위적이다. 듣기에 부러운 성량이라고는 생각해도, 그 입술의 움직임을 보고 있자면 어쩐지 소리를 내는 기계 같은 기분이고, 일부러 하는 듯한 느낌이 든다. 그러므로 노래하고 있는 본인의 삼매경의 마음가짐이 청중에게 전해질 것 같은 느낌은 없다고 말해도 좋다. 이것은 음악만이 아니라, 모든 예술에 있어서 이런 경향이 있다고 생각한다.

●

  오해를 한다면 곤란하지만, 나는 결코 게으른 자가 되는 것을 그대들에게 부추기려는 뜻이 아니다. 그렇지만 정력가라든가 근면가라든가 일컬어지는 것을 자랑스레 여기고, 또는 그것을 자기 쪽에서 억지로 떠벌리는 사람이 많은 세상이므로, 더러는 게으름의 미덕-그윽함을 상기하더라도 해가 되지는 않는다고 생각하는 것이다. 솔직히 말해, 그렇게 말하는 내 자신이 실은 그렇게 게으른 자는 아니고, 아마 우리 또래들 중에서는 근면한 사람 쪽이라는 사실을 친구 여러 사람이 증명해 주고 있다.

_ 1930. 4. 10

연애와 색정

꽤 오래전에 죽은 영국의 소설가로 제롬 K. 제롬이라는 사람이 있다. 이 사람이 쓴 《노벨 노트》라는 책에는, 소설이란 요컨대 하찮은 것이다. 예로부터 세상에서 지어진 소설은 해변의 모래 숫자만큼이나 많고, 몇 천 몇 백 몇 십만 책인지 셀 수 없지만, 무엇을 읽더라도 줄거리는 결국 정해져 있다. 따져 보면, "어떤 곳에 한 남자가 있었습니다. 그리고 그를 사랑하는 한 여자가 있었습니다." – "Once upon a time, there lived a man and a woman who loved him." – 결국 그것뿐이지 않은가 말하고 있다.

그리고 또 [1]사토 하루오에게서 들은 것인데, [2]라후카디오 헌의 어떤 강의록 가운데에, "소설이라는 것은 예로부터 남녀의 연애 관계만을 다루고 있어서, 자연스레 일반 연애가 아니면 문학의 제재가 되지 않을 듯이 생각하는 버릇이 붙고 말았는데, 그러나 꼭 그런 것만은 아니다. 연애가 아니고 사람의 일이 아니라도, 충분히 소설의 제재가 될 수 있는 것이어서, 문학의 영역이라 하는 것은 본디 꽤 넓은 것이다"라는 의미의 내용이 적혀 있다고 한다.

이상 제롬의 풍자이든 헌의 의견이든, 서양에서는 '연애 없는 문학'이나 '소설'이 꽤나 이상스럽게 생각되고 있는 것은 사실인 듯하다. 더욱이 매우 오래전부터 정치소설, 사회소설, 탐정소설 등이 있기는 있

1
사토 하루오佐藤春夫
1892-1964. 일본의 시인,
소설가이다. 그의 소설은
시적인 환상과 낭만적인
상상력으로 유명하다.
다니자키의 친구였으나 훗날
다니자키의 첫 번째 부인을
사랑하면서 우정이 깨졌다.

2
라후카디오 헌Lafcadio Hearn
1850-1904. 미국의 작가,
번역가, 교사로 일본의 문화와
문학을 서구에 소개하는
역할을 했다.

었지만, 그것은 대부분 순수 문학의 범위를 벗어난 '공리적功利的'인 것, 어쩌면 '저급'한 것으로 여겨졌다.

현재는 점점 사정이 바뀌어서, 공리적 의의를 가지고 씌어진 소설이 그것 때문에 '저급'이라 여겨지지 않는 형국이 되었다지만, 그러나 계급투쟁이나 사회개혁을 다룬 작품이라 하더라도 어떤 형태로든 연애 문제를 다루지 않은 것은 절대 없다고 해도 좋다. 어쩌면 연애를 계기로 해서 일어나는 여러 가지 갈등 – 연애가 중요한가, 계급적 임무가 중요한가 같은 주제를 잡은 것이 많은 듯하다.

탐정소설도 또한 연애가 범죄의 원인이 되고 있는 경우가 상당하다. 그래서 만약 '연애'로부터 나아가 '세상사'까지 범위를 넓히면, 예로부터 서양의 소설이라는 소설, 문학이라는 문학의 분야와 제재는 모두 사람의 일이 될 수밖에 없다. 《카텔 물》이나 《블랙 뷰티》나, 《야성을 부르는 소리》처럼, 드물게는 동물을 주인공으로 한 소설도 없는 것은 아니지만, 그들은 대부분 우화적 작품이기 때문에, 역시 넓은 의미에서는 '세상사'의 범위를 벗어나는 것은 아니다. 그밖에, 예외적으로는 자연의 아름다움을 대상으로 한 것이 있고, 시에 있어서는 특별히 드물지 않은 것 같지만, 그것도 잘 음미해 보면 어떤 점에서 사람의 일과 교섭을 다루지 않는 것은 매우 적은 듯한 느낌이 든다.

나는 여기까지 써 놓고서, 문득 소세키 선생의 저술에, 〈영국 시인의 대자연과 우주에 대한 관념〉이란 논문이 있었다는 사실이 떠올랐다. 그리고 바로 서가를 찾아보았는데, 마침 아쉽게도 보이지 않으므로, 유감스럽게 선생의 의견을 이 경우에 견주어 보는 일이 불가능하지만, 어쨌든 서양의 예술에서는, '연애'가 아니면 적어도 '세상사'가 그 영역의 대부분을 차지하고 있다는 점을, 그들의 문학사, 미술사에서 보면 바로 합치점을 얻는 것이다.

●

  일본의 다도에서는, 예로부터 다석茶席에 거는 걸개로 글씨든 그림이든 가리지 않는데, 다만 '연애'를 주제로 한 것은 금하고 있다. 그것은 곧 '연애는 다도의 정신에 어긋난다'고 여겨지기 때문이다.

  이처럼 연애를 낮추려는 기풍은 일본의 다도만이 아니라, 동양에서는 결코 드문 일이 아니다. 우리나라에서도 예로부터 지금까지 허다한 소설이나 희곡이 있고, 연애를 다룬 작품이 적지 않으면서도, 그것들이 우리 문학사에 있어서 정중한 취급을 받았던 것은 서양풍의 사물을 보는 법이 시작된 이후의 일이며, 아직 '문학사'라 할 만한 것이 없던 시대에는, 통속문학이라 한다면 아직 문학의 말류, 부녀자의 심심풀이든가, 선비의 취미 정도로 여겨지던 것으로, 쓰는 것도 멀리하고 읽는 것도 멀리하였다. 실제에 있어서는 걸출한 희곡가나 소설가가 있고, 또 그들의 작품이 일세를 풍미한 적이 있었다 해도, 표면적으로는 품위가 낮은 것으로 쳐서, 한 사람 남자의 생애를 걸어야 할 일은 아니라고 여겼다. 중국에서는 예로부터 '경세제국經世濟國'을 가지고 문장의 본령이라 할 정도로, 중국 문학의 왕좌를 차지한 줄기인 한문학이라는 것은, 경서이든 사서이든, 어디까지나 수신치국평천하를 목적으로 지은 책들이 주였다. 내가 소년이었을 때 한문학 교과서로 쓰였던 책들, 사서나 오경이나 《사기史記》나 《문장궤범文章軌範》 같은 것은 무릇 연애와는 가장 연줄이 먼 것으로, 예전에는 저런 것들이 참 문학, 정통의 문학이라 생각되었던 듯하다. 그것이 메이지가 되면서부터 3츠보우치 선생의 《쇼세츠신즈이》가 나온다든지, 셰익스피어와 4지카마츠, 모파상과 5사이카쿠의 비교론이 시작된다든지 하여, 차례로 희곡이나 소설을 주류로 받아들이게 되었지만, 그런 눈은 실은 우리의 바른 전통은 아니었던 것이다. 소설이나 희곡은 '창작'이었고, 사학이나 정치학이나 철학은 '창작'이 아니고, 그리고 또 창작하지 않으므로 문학이 아니라는 생각은 보기에 따라서는 무척 옹색하다고도 할 수

3
츠보우치 쇼요坪內消遙
1859-1935, 영문학자로
일본 최초의 근대문학론인
《쇼세츠신즈이小說神髓》를
완간하여 새로운 개념을
구축하는 데 노력을 아끼지
않았다.

4
지카마츠 자에몬近松門左衛門
1653-1724, 에도 시대
일본의 셰익스피어라고
평가받는 분라쿠 작가. 무사나
귀족사회의 이야기, 사람들의
감정이나 남녀의 비련을
다룬 대본을 많이 썼으며,
예술적으로도 가치가 높아
지금까지도 영화나 무대에서
상연되고 있다.

5
이하라 사이카쿠井原西鶴
1642-1693, 에도 시대의
하이쿠 시인이며 소설가.
상인계급이나 화류계의
연애사건 등을 생생하게 그려
독자들을 매료시켰다.

있다. 만약 우리의 전통에 따라서 서양의 문학을 본다면, [6]베이컨이나 [7]매콜리나 [8]기번이나 [9]칼라일 같은 이야말로 정통이었고, 셰익스피어의 작품 같은 것은 살짝 감추어 두는 쪽이 당연할는지도 모른다.

  서양인이 생각하기에, 시는 산문보다도 한층 순수 문학이라 여겨지고 있다. 그런데 그 시에 있어서야말로, 동양의 시에는 비교적 연애의 요소가 적다는 사실은, 가장 대표적으로 치는 2대 시인 – 이백李白과 두보杜甫 두 사람의 시를 가지고 본다면 반 넘어 설명이 될 듯하다. 두보의 작품에서는 자주 애별이고哀別離苦를 읊고, 유배의 슬픔을 들먹이는 것이 있지만, 상대는 대부분 친구이든지, 드물게는 그의 처자였고, '연인'인 경우는 한 번도 없다. '달과 술의 시인'이라 불리는 이백에 이르러서는 그 달빛과 술잔에 대한 열정의 십 분의 일도 '연애'를 생각하고 있지 않았던 듯하다. [10]모리 가이난은 일찍이 《당시선평석唐詩選評釋》 가운데, 저 유명한 〈아미산의 달峨眉山月歌〉,

> 아미산의 달 반쯤 둥근 가을峨眉山月半輪秋
> 그림자는 평강강의 물에 잠겨 흐르네影入平羌江水流
> 밤에 청계를 떠나 삼협으로 가는데夜發淸溪向三峽
> 그대를 생각하나 보지 못하고 유주로 내려가네思君不見下渝州

---

[6] 베이컨Francis Bacon 1561-1626, 영국의 철학자, 정치가로 영국 고전경험론의 창시자이다.

[7] 매콜리Thomas Macaulay 1800-1859, 영국의 정치가, 역사가, 수필가, 시인이다.

[8] 기번Edward Gibbon 1737-1794, 영국의 역사가이다.

[9] 칼라일Thomas Carlyle 1795-1881, 영국의 역사가, 수필가이다.

[10] 모리 가이난森槐南 1863-1911, 한학자, 한시가로 궁내대신 비서관을 지냈다.

를 들면서, '그대를 생각하나 보지 못하고'라는 구절은 겉으로 달을 의미하는 것처럼 보일지라도, '아미산의 달'이라는 말로 추측컨대, 아무래도 그 안에 연인의 어떤 것이 느껴진다고 말하고 있다. 가이난 옹의 이 해석은 정말로 탁견이지만, 이백이 그런 방식으로 때로 연애를 노래한 적이 있다 해도, 생각을 달에 의탁해서 무척이나 어렴풋이 암시적으로 노래하고 있다. 그리고 이것이 동양 시인의 마음가짐으로 여겨지고 있던 것이다. 그러므로 "연애가 없어도 소설 또는 문학이 된다"라는 라후카디오 헌의 학설은, 서양인으로서는 드문 일인지 모르나, 우리 동양인에 있어서는 별로 이상할 아무것도 아니다. 어쩌면 우리는 실은 "연애도 고급 문학이 된다"라는 사실을 그들에게서 가르침 받게 된 것 같다.

●

우리는 때로 [11]우키요에의 아름다움은 서양인에 의해 발견되어 세계에 소개된 것으로, 서양인이 요란을 떨기까지는 우리 일본인은 자신이 가지고 있는 이 자랑할 만한 예술의 가치를 알지 못하고 있었다는 이야기를 듣는다. 그렇지만 생각해 보면, 이것은 우리의 치욕도 아

11
우키요에浮世繪는 에도 시대에
성행한 풍속화로 주로 화류계
여성이나 연극 등을 소재로
삼았다.

니려니와 서양인의 탁견도 아니다. 물론 이 방면의 우리 예술을 알아주고, 그것을 세계에 선전해 준 서양인의 공적을 덕으로 여기고 깊이 감사할 것이지만, 그러나 정직히 말한다면, '연애'나 '세상사'가 아니면 예술이 되지 않는다고 생각하는 저들에게는, 우키요에가 가장 알아보기 쉬웠을 것이다. 그리고 어째서 이 훌륭한 예술이 일본인들 사이에서 상당한 존경을 받지 못하고 있는지, 그 이유가 저들에게는 이해되지 않았을 것이다.

정말로 도쿠가와 시대에 있어서 우키요에장이의 사회적 위치는 마치 통속문학 작자나 교겐 작자의 그것과 같았다. 아마도 당시 교양 있는 사대부는 우키요에나 통속문학을 보는 일을 춘화春畵나 음서淫書에 멀지 않을 만큼 생각하였기 때문에, 근대 문학가들과 함께 보는 일은 없었던 것 같다. 더러 그들의 문장을 격찬하는 일화는 웬만큼 특별하고 경이로운 사실처럼 전해지고 있는 것이다. [12]바킨이 살아 있는 동안에 당시 스스로도 그 밖의 통속문학 작자보다 한 단계 높은 긍지를 나타내고, 세인도 일종의 존경의 눈을 가지고서 보았다는 것은 그의 작품이 전적으로 권선징악을 지향하여, 인륜오상의 도를 말했던 사실에 기인하고 있다. 이것만 가지고 보더라도 일반 통속문학 작자의 위치가 어떤 것이었는지 알 수 있을 것이다.

12
다키자와 바킨瀧澤馬琴 1767-1848. 19세기 초 일본의 저명한 작가로. 충성과 효도와 몰락한 가문의 영광을 되찾는 도덕성이 짙은 역사소설로 높이 평가받고 있다.

이처럼 전통은 연애의 예술을 받아들이지 않는 것은 아니지만, - 내심은 크게 감동도 하고, 살짝 그런 작품을 향락한 것도 사실이지만, - 겉은 되도록 시치미를 뗐던 것이다. 그것이 우리의 조심스러움이며, 누구랄 것 없이 사회적 예의가 되었던 것이다. 그러므로 [13]우타마로나 [14]도요쿠니를 내세웠던 서양인은 이런 우리의 암묵적 예의를 깨부쉈던 것이라 말하지 않을 수 없다.

•

그러나 혹 반문하는 사람이 있겠다. - "그렇다면 연애문학이 지극히 왕성하였던 [15]헤이안 시대는 무엇인가? 우리 문학사에서도 저렇게 말하는 시대가 있지 않았는가. 도쿠가와 시대의 통속문학 작자는 비천하다 할지 모르지만, [16]나리히라나 [17]이즈미 시키부같은 시인은 어떤가? [18]《겐지 모노가타리》이하 많은 연애소설의 작자는 어떤가? 그들과 나란히 그 작품이 받고 있는 대우는 무엇인가?"라고.

《겐지》에 대해서는 예부터 여러 가지 설이 있다. 유학자는 음탕한 책으로 때로 공격하는 일이 있었는데 반해, 국학자는 마치 그것을 바이블처럼 신성시하고, 그 책의 내용을 가지고 가장 도덕적인 교훈이

13
기타가와 우타마로喜多川歌麿 1753-1806, 에도 시대 후기 우키요에 화가로 독창적인 방법으로 미인도를 그렸다.

14
우타가와 도요쿠니歌川豊國 1769-1825, 에도 시대 후기의 대표적인 우키요에 화가로, 주로 배우들을 묘사한 판화를 전문적으로 제작했다.

15
헤이안平安 시대 794-1192, 8세기 말 헤이안교(지금의 교토)로 수도를 옮기면서 시작되었으며, 귀족 문화의 절정을 이루었다.

16
아리와라노 나리히라在原業平 825-880, 헤이안 시대 초기의 시인이다.

17
이즈미 시키부和泉式部 976년경-1036년경, 헤이안 시대 시인으로 시키부에 얽힌 설화·전설이 많이 있다.

18
《겐지 모노가타리源氏物語》는 일본 최고의 고전으로 문학성, 작품성, 역사성 등 모든 면에서 뛰어나다는 평가를 받고 있다.

가득한 것이라고 말해, 마침내는 작자인 [19]무라사키 시키부를 '정녀貞
女의 거울'이라고까지 억지로 갖다 붙이게 되었다. 그렇지만 갖다 붙였
다 해도, - 어쨌든 겉으로는 저 이야기가 '음탕한 책'이라는 것을 부정
하지 않으면, - 그래서 무리하게 '도덕적'인 '교훈적'인 독서물이라고
하지 않으면, - 문학으로서의 《겐지》의 입장이 사라지는 것처럼 생각
할 터이니, 역시 일종의 '예의'가 있고, 동양인에게 특유한 '체면을 차
리려는 버릇'이 있었던 것이다.

 그럼 여기서 나는 최초의 질문으로 돌아가, 헤이안 시대의 연애문학
에 대해서 조금이나마 관찰하려 한다.

●

 옛날에 [20]형부경 아츠카네敦兼라는 대신은 세상에 드문 추남이었으
나, 그 정실부인은 훌륭한 데다 인물이 아름다운 사람으로, 언제나
자신이 못생긴 남편을 가진 것을 탄식하였는데, 어느 때 궁중에 [21]고
세츠 춤을 보러 가서, 그날의 나들이옷을 입고 궁을 가득 메운 대신
들의 빛나는 모습을 넌지시 보자니, 여기나 저기나 자신의 남편같이
못생긴 남자는 한 사람도 없었다. 모두 저마다 훌륭한 풍채를 하고 있

19
무라사키 시키부紫式部
978년경-1014년경. 헤이안
시대 중기의 일본 궁녀이자
시인으로, 《겐지 모노가타리》
외에도 《무라사키 시키부집》,
《무라사키 시키부 일기》가
있다.

20
형부경刑部卿은 오늘날의
법무장관과 같다.

21
고세츠五節는 헤이안 시대에,
천지의 신들에게 햇곡식을
바치는 니나메사이新嘗祭
때나 천황의 즉위를 알리는
다이죠사이大嘗祭 때
귀족의 딸 5명이 추던 궁중
무악舞樂이다.

어서, 정말 남편이 싫어지고, 그래서 집에 돌아와서도 얼굴을 돌리고 말도 하지 않고, 끝내는 안에 처박혀서 얼굴도 보이지 않았다. 남편 아츠카네는 미심쩍게 생각하면서 처음에는 무슨 일인지 알지 못하였는데, 어느 날 궁중에 출근해서 밤늦게 돌아왔더니, 사랑에 등도 켜 놓지 않고, 심부름을 시키는 여자 하인들마저 어딘가 달아나 버려, 옷을 벗어도 누울 자리를 마련해 주는 사람이 없었다. 그래서 어쩔 수 없이 곁방의 여닫이문을 밀어서 열고 홀로 생각에 잠겨 있자니, 이윽고 밤이 깊어져, 달빛 바람 소리가 몸에 스며 들어와, 박정한 아내의 행동이 절절이 보태져 한스럽고, 안타까움이 바싹바싹 밀려와서, 문득 마음을 가다듬고 피리를 꺼내,

> 울타리 안에 핀 흰 국화도
> 바래어 보이누나 가엾이도
> 우리가 통해서 보던 사람도
> 숨어 있구나 그에게밖에

라고 되풀이해서 불렀다. 정실부인은 안에 숨어 있었는데, 이 노래를 듣자 어느새 슬픔이 몰려와 아츠카네를 맞아, 그 다음에는 부부 사이

에 무척 정이 깊어졌다고 한다.

 이 이야기는 누구나 아는 [22]《고콘초몬쥬》의 호색好色 편에 나오는 것으로, 어쩌면 가마쿠라 무렵인지 왕조 말기의 이야기인지 싶은데, 어느 때라 한들 당시 교토의 귀족생활은 아직 헤이안 시대의 풍속 습관을 다분히 전하고 있는 것이기 때문에, 이것은 대표적인 헤이안 시대다운 연애의 정경으로 보아도 차질이 없다.

 그러나 내가 묘하게 생각하는 것은 이 경우에 있어서 남자와 여자의 위치이다. 《고콘초몬쥬》의 저자는, "이처럼 특별히 부부관계가 좋게 되었던 것이니, 훌륭한 아내의 마음임에 틀림없다"라 하였듯이, 이 정실부인의 부정을 꾸짖으려 하지도 않고, 또 남편 아츠카네의 패기 없음을 조롱하려는 뜻도 아닌, 말하자면 부부의 미담으로 전하고 있는 것이다. 그러므로 이것이 헤이안 시대의 대신 사이에서는 당연한 상식이었을 것으로 생각할 수 있다.

 추남인 줄 알고 함께 살던 아내가 이제 와서 아무 이유도 없이 남편을 외톨이로 만든다. 남편은 그런 아내에 대해 애증을 다해서 하는 것인지, 여자의 방 밖에 서서 노래를 부르면서 슬픔을 호소한다. 그것을 곰곰 듣던 아내가 '정말로 고운 마음이다'라고 말한다. 이것은 서양의 러브신이 아니고, 실로 일본 왕조에서 가능한 일인 것이다. 그런데다

22
《고콘초몬쥬古今著聞集》는
13세기경인 가마쿠라 시대에
나온 세속설화집으로,
그때까지 나온 설화들을
제재별로 뽑아서 분류하여
수록하였다.

아츠카네는 '피리를 꺼내서' 노래에 맞추어 불렀다는 것인데, 저 시절의 대신은 그런 악기를 늘 가지고 있었다는 것인가. 나는 언제나《초몬쥬》의 이 대목을 읽자면, 맹인인 사와이치澤市가 혼자서 사미센을 타면서 민요인 〈국화의 이슬〉을 부르고 있는 [23]〈츠보사카壺坂〉의 막 올리는 장면을 상기한다.

새소리, 종소리마저 몸에 스며서, 생각나는 눈물이 앞서서, 떨어져 흐르는 이모세妹背강을 건너는 배의, 노조차 끊어지고 노도 없이 세상을 원망하며 지내는, 생각 마, 만남은 헤어짐이라 할지라도, 바보처럼, 마당의 작은 국화 그 이름에 즐겨, 낮은 바라보며 살아가지만, 밤마다 내리는 이슬의, 이슬의 목숨의 야속함이나 미움이나, 이제는 이 몸에 가을바람

연극에서 사와이치는 이 노래의 앞부분, 기본 가락만 부른다. 그리고 여기서도 아츠카네와 마찬가지로 생각을 국화에 의탁하는 것이 연이 되어 맺어졌지만, 예로부터 오사카에서는 이 노래를 부르면 인연이 끊어진다 하여 싫어한다. 그렇지만 그것은 어쨌든, 이 [24]조루리는 [25]단페이와 그 부인의 작품이라 이르므로, 결국 여성의 부드러움이 나온

23
원제는 〈츠보사카 영험기 壺坂靈驗記〉이다. 조루리의 하나로 원작자는 알려져 있지 않고 1879년에 초연되었다. 맹인인 사와이치의 처가 정절을 지켰다는 미담을 소재로 하고 있다. 뒤에 가부키로 공연되었다.

24
조루리淨琉璃는 옛이야기를 음곡에 맞추어서 읊는 것을 말한다.

25
단페이는 도요자와 단페이豊澤團平를 이르고, 부인은 치카千賀女이다. 두 사람이 이 작품에 내용을 수정하고 덧붙였다.

다 할지라도, 그러나 사와이치는 본디 남들이 가엾게 여기는 불구의 몸이었기 때문에, 아츠카네와는 다분히 사정이 다르다. 하물며 여염집 여자와 정실부인은 하늘과 땅 차이로, 여염여자이기에 '정말로 고운 마음' 탓이라 해야 하고, 그거야말로 '부부의 미담'이라고도 할 수 있다. 후세에, 사무라이 집안의 정치와 교육이 일반에 퍼졌던 시대 때문이라 생각해 본다면, 정실부인의 무례함은 논외로 하고, 아츠카네 같은 남편은 정말로 남자의 풍격에도 맞지 않는 놈, '남자 얼굴에 먹칠하기'로 빈척되리라는 것은 상상하기 어렵지 않다. 이런 경우, 가마쿠라 이후의 사무라이였다면, 깨끗하게 여자를 단념하든지, 단념하지 못한다면 안으로 바로 처들어가 승부를 걸든지 한다. 여자도 대개 그런 남자를 좋아하는 것이어서, 아츠카네처럼 계집애 같은 짓을 한다면 한층 싫어하는 것이 우리의 보통 심리이다. 도쿠가와 시대는 연애문학이 유행했던 점에서 헤이안 시대와 대립한다 해도, 이제 시험 삼아 지카마츠 이하의 희곡에 대해서 생각해 보아도, 이 아츠카네같이 기백 없는 남자의 예는 좀체 생각나지 않는다. 드물게 이와 비슷한 경우가 있다 해도 해학적으로 다루고 있고, 미담으로 전하여지고 있는 것은 거의 없다. 사람들은 [26]겐로쿠 시대의 세상을 웬만큼 음란하고 타락하였던 듯이 말하지만, 실은 난봉꾼은 의외로 기개가 뻗치고 살

26
겐로쿠元祿 시대 1688-1704.
에도 시대 중기에 5대 쇼군인
도쿠가와 쓰나요시德川綱吉가
다스린 시기로 이때
신흥상공업자를 중심으로 한
상류 문화가 크게 발달하였다.

벌하고 무모하고, [27]신쥬모노에 나오는 색남역色男役은 때로 칼부림을 한다든지 하여, 꽤나 헤이안 왕조의 대신 같은 약충弱蟲은 아니었다. 내려와서 [28]가세이 기간 이후의 에도 시대에 이르면 여자라 해도 당참을 높이 샀기 때문에, '남자다운 남자'가 가졌던 것은 말할 것도 없고, 에도 연극에 나오는 밝히는 남자라고 한다면, 오구치야 교우大口星曉雨 식의 협객이든지, 가타오카 나오지로片岡直次郎 식의 불량소년이 많았던 것이다.

•

헤이안 시대의 문학에서 보이는 남녀관계는 그런 점에서 다른 시대와 어느 정도 다르다는 느낌이 든다. 아츠카네와 같은 남자를 패기 없다고 해 버린다면 그만이라 해도, 이것은 바꿔 말하면 여성숭배의 정신이다. 여자를 자신 이하로 보고 애무하는 것이 아니라, 자신 이상으로 우러러보고 그 앞에서 쭈그리는 마음이다. 서양의 남자는 때때로 자신의 연인에 성모마리아의 모습을 꿈꾸고, '영원의 여성'의 모습을 떠올린다 하지만, 유사 이래 동양에는 이런 사상이 없다. '여성에게 기댄다'는 것은 '남자답다'는 것의 반대로 여겨, 무릇 '여자'라는 관

---

[27]
신쥬모노心中物는 조루리 및 가부키 중에서도 특히 정사를 다룬 것을 뜻한다.

[28]
가세이化政는 에도 후기인 분카文化 1804-1818 시대와 분세이文政 1818-1830 시대를 일컬으며, 다양한 서민들의 문화가 생겨나 지방으로 확대되었다.

념은 숭고한 것, 유구한 것, 엄숙한 것, 청정한 것과 가장 인연이 먼 완전히 반대편 위치에 놓여 있다. 그것이 헤이안 시대의 귀족생활에서는 '여자'가 '남자' 위에 군림하지 않더라도, 적어도 남자와 비슷하게 자유스럽고, 남자의 여자에 대한 태도가 지금처럼 폭군적이지 않고, 다분히 정중하여 무척 부드럽게, 때로는 이 세상 가운데 가장 아름다운 것, 귀한 것으로 다루어졌다고 생각된다. 예를 들어 [29]《다케토리 모노가타리》의 가구야히메가 최후에 이르러서 승천하는 상상 등은 후세 사람의 생각으로 미치지 못하는 것이었고, 무엇보다 먼저 우리는 연극이나 조루리에 나타나는 여자가, 그 복장 그대로 하늘로 오르는 광경을 상상하기란 쉽지 않다. [30]고하루나 우메가와는 가련하였어도, 요컨대 남자의 무릎 앞에 흐느끼며 숨을 거두는 여자밖에 아닌 것이다.

●

《고콘초몬쥬》에서 생각났는데, [31]《곤자쿠 모노가타리》의 본조부 제29권에 있는 〈남에게 알려지지 않은 여자 도둑 이야기〉라는 작품은, 일본에서는 드문 여자 사디즘의 예이고, 그래서 아마도 성욕을 위한 성도

29
《다케토리 모노가타리 竹取物語》는 헤이안 시대에 쓰인 일본의 대표적인 전설로 대나무에서 발견된 가구야히메가 다시 달나라로 돌아가는 이야기이다.

30
고하루小春와 우메가와梅川는 지카마츠의 분라쿠에 나오는 여자 주인공들이다.

31
《곤자쿠 모노가타리 수昔物語》는 12세기 전반에 쓰인 편자 미상의 설화집으로, 광범위한 지역을 무대로 다양한 계층이 등장하여 행동이나 지혜를 사실적으로 묘사하였다.

착자 기사로서는 동양에서 가장 오랜 희귀한 문헌의 하나가 아닐까.

32......낮에는 늘 하던 일로, 다른 사람 누구도 하나 없는데 이윽고 '자, 이쪽으로'라며 남자를 유인해 깊숙한 별실로 데리고 가, 이 남자의 머리카락에 새끼줄을 엮고, 붙이는 받침대에 묶어, 등을 □□ 내밀게 하고 발을 구부려 꽉 묶고, 여자는 검은 모자를 쓰고 비단 바지를 입고 어깨를 벗어, 채찍을 손에 쥐고 남자의 등을 80대 세차게 때렸다. 그래 놓고는, '아프지 않은가요'라고 물으니 남자는 '뭘, 대단치 않은데'라고 답하자 여자는 '생각했던 대로 의지할 만한 분이군요'라고 말하고, 아궁이의 흙을 볶아서 마시게, 좋은 초를 마시게 하고, 흙을 잘 털어서 뉘는 것이었다. 2시간쯤 되자 일으켜서, 그쯤에는 벌써 평소와 다르지 않을 정도로 회복되었기 때문에, 그로부터 뒤로는 늘 하던 것보다 한층 더 음식을 잘 마련해서 가지고 왔다.

무척 잘 간호해서 3일쯤 되자 채찍의 흔적이 조금 나아질 무렵, 다시 앞의 장소로 데리고 가서 이전과 마찬가지로 받침대에 묶고 때렸다. 전의 채찍 흔적에 쳤기 때문에 거기서 피가 흐르고 살이 허는 것을 가리지 않고 80대 때렸다. 그러고서 '참을 수 있나요'라고

32
이 인용 부분은 나가즈미 야스아키永積安明 등이 번역한 헤이본샤平凡社판 《곤자쿠 모노가타리》를 참고하여 번역하였다. 한 여자 도둑이 남자를 자신의 집으로 유인하여 벌이는 이상 행각이다. 전체적으로는 환상성이 가미된 피카레스크 스토리이다.

묻는데, 남자가 얼굴빛 하나 변하지 않고 '괜찮습니다'라고 답하자, 이번은 처음보다도 더 감동해서 칭찬하고, 다시 무척 잘 간호했다. 그로부터 4~5일쯤 되자 또 마찬가지로 때렸지만, 그럼에도 역시 마찬가지로 괜찮다고 말하므로, 이번에는 뒤집어서 배를 때렸다. 그럼에도 그다지 대단치 않은 일이라고 말하자 여자는 더할 나위 없이 칭찬하였다……

라는 것이 그것으로, 후세의 여색이나 독부毒婦 등에서도 잔인한 여자는 적지 않지만, 이러한 잔학한 일을 즐기는 여자, 특히 남자에게 매를 쳐서 기뻐하는 예는 황당무계한 [33]쿠사 조시에도 좀체 보이지 않는 바이다.

이것은 조금 극단적이지만, 앞의 아츠카네의 경우이든 이 여색이든, 헤이안 시대의 여자는 곧잘 남자에 대해서 우월한 지위에 서고, 남자는 또 여자에 대해서 어쨌든 이렇게 온순한 듯한 느낌이 든다. [34]세이 쇼나곤이 궁정에서 자주 남자를 아이처럼 대한 이야기는 [35]《마쿠라노소시》를 보더라도 알겠지만, 그 시절의 일기나 이야기나 주고받는 와카 따위를 읽자면, 여자는 대개 남자로부터 존경받고 있고, 어떤 경우에는 남자 쪽이 애원하는 태도로 나온다든지 하여, 결코 지금처럼 남

---

[33]
쿠사조시草雙紙는 에도 시대의 삽화를 곁들인 통속소설의 총칭이다.

[34]
세이 쇼나곤清少納言 966(7)-1013(?), 헤이안 시대 중기의 여류시인이자 일기작가로 991년경부터 1000년까지 사다코 왕비를 섬겼다.

[35]
《마쿠라노소시枕草子》는 춘화본의 하나로, 《겐지모노가타리》와 더불어 일본 고전 문학의 쌍벽을 이루는 수필 작품이다.

자의 의지에 유린당하고 있지 않다.

●

《겐지 모노가타리》의 주인공은 많은 부녀자를 처첩으로 거느리고 있었기 때문에, 겉으로 보면 여자를 장난감 다루듯이 하는 것으로 되어 있지만, 그러나 제도상 '여자가 남자의 사유물'이었다고 하는 것과, 남자가 마음을 품고 '여자를 존경하였다'고 하는 것이 반드시 모순되는 것은 아니다. 재산의 일부라 해도 귀중품이라는 것이 있다. 자신의 집 불단에 있는 불상은 물론 자신의 소유품이 틀림없지만, 그러나 그 앞에서 무릎을 꿇고, 손을 모으고, 섬기기를 게을리하면 벌을 받게 된다는 사실을 두려워한다. 내가 여기서 문제 삼는 것은 경제조직이나 사회조직으로부터 본부인의 위치가 아니라, 남자가 여자의 영상 안에 뭐랄까 '자신 이상의 사람', '좀더 기가 센 사람'을 느끼는 것을 의미한다.[36] 히카루 겐지의 후지쓰보에 대한 동경의 정이 드러나게 표현되지는 않았지만, 어쩌면 앞서 말한 것에 가까운 것이었다는 사실을 미루어 짐작할 수 있다.

36
히카루 겐지光源氏와 후지쓰보 藤壺는《겐지 모노가타리》의 남녀 주인공이다.

●

　서양의 기사도에서는, 무인의 충성과 숭배의 표적은 '여성'이었다. 그들은 존경하는 부인 때문에 높아지고, 끌어올려지고, 격려받고, 용기가 솟는다. '남자다운 것'과 '여인을 동경하고 사모하는 것'은 일치하였다. 근대에 이르러서도 이 풍습은 같았고, 해밀턴 여사와 넬슨 제독 같은, 존 스튜어트 밀 부인과 그 남편 같은 관계는 동양에서는 전혀 유례가 없다 해도 좋다.

　왜 일본에서는 무가 정치가 일어나 무사도가 확립하게 되면서, 여성을 낮추고 노예시하게 되었을까. 왜 '여인에게 친절한 것'이 '무사다운 것'과 일치하지 않고, '나약에 흐른다'고 여겨지지 않으면 안 되었을까. 이는 재미있는 문제이지만, 그런 탐색을 바로 시작하자면 길어지기도 하겠고, 자연 다음 장에서 이 점을 다룰 기회가 있으므로 여기서는 논하지 않기로 하거니와, 어쨌든 그러한 국가 체제를 가졌던 일본에서 고상한 연애문학이 발달할 리는 없었던 것이다. 솔직히 도쿠가와 시대의 연애물은 어떤 천재적 작품이라 하더라도 결국에는 [37]조닌의 문학이었고, 그만큼 '품격이 낮은' 것이었다. 그도 그럴 것이 그들 스스로 여인을 얕보고, 연애를 얕보면서, 어떻게 기상이 고매한 연애문학을 짓는 것이 가능했겠는가.

37
조닌町人은 도시에 사는 상인 계급이다.

서양에서는 단테의 《신곡》마저, 베아트리체에 대한 시인의 첫사랑으로부터 태어났다 말하지 않는가. 그밖에 괴테이든 톨스토이이든, 삶에서 학식과 덕행이 우러러지는 사람의 작품은, 간통을 그리고 실연과 자살을 그려, 도덕적으로는 매우 추잡한 정경을 다루고 있을지언정, 그 품격 높은 점은 도저히 우리 겐로쿠 시대의 문학에 비견할 바 못 된다.

●

대개 서양문학이 우리 문학에 미친 영향은 여러 가지임에 틀림없지만, 가장 큰 것 가운데 하나는 실로 '연애의 해방',-좀더 직접적으로 말하자면 '성욕의 해방'-에 있었다고 생각한다. 메이지 시대 중엽쯤에 번성했던 [38]겐유사의 문학은 아직 다분히 도쿠가와 시대의 희작 기질을 띠고 있었지만, 이어서 [39]〈분가쿠카이〉나 [40]〈메이세이〉 일파의 운동이 일어나 자연주의가 유행하는 데 이르러서는, 우리는 완전히 연애나 성욕을 비천하다고 생각한 선조들의 조바심을 잊고, 오래된 사회의 예의를 버렸다. 지금 보면 [41]고요의 작품과 고요 이후의 대작가인 소세키의 작품을 비교하면, 여성을 바라보는 뚜렷한 차이가 있음

38
겐유사硯友社는 1885년 2월, 오자키 고요가 중심이 되어 결성한 문학 동인이다.

39
〈분가쿠카이文學界〉는 1893년 1월에 창간된 문예잡지로 당시 문단에서 청신한 낭만주의를 도입하였다.

40
〈메이세이明星〉는 1900년 4월에 창간된 문예잡지로 낭만주의를 기치로 새로운 단카를 만들어내었다.

41
오자키 고요尾崎紅葉 1867-1903, 에도 시대의 소설가. 이수일과 심순애의 원작으로 알려진 《곤지키야사金色夜叉》를 썼다.

이 밝혀진다. 소세키는 유수한 영문학자이지만 결코 하이칼라 쪽은 아니고, 어쩌면 동양의 문인형 작가인데, 그런데도 42《산시로》나 43《개양귀비》에 나오는 여성과 그것을 다루는 방법은 도저히 고요의 작품에서는 나오기 어려운 것으로, 이 두 작가의 차는 개인의 차이가 아니라 시대의 차이인 것이었다.

문학은 시대의 반영임과 동시에 시대를 한 발 앞서 나가서, 그 의지의 방향을 보이는 경우도 있다. 《산시로》나 《개양귀비》의 여주인공은 부드럽고 우아한 것을 이상으로 하는 옛 일본 여성의 후손이 아니라, 왠지 서양 소설에 나올 법한 인물 같은 느낌이 들지만, 그 당시에 그런 여자가 흔하게 실제 있었다는 뜻이 아니라 할지라도, 사회는 조만간 이른바 '자각하는 여자'의 출현을 바라고 또 꿈꾸고 있었다. 나와 같은 시대에 태어나 나와 함께 문학에 뜻을 둔 저 무렵의 청년은 많건 적건 모두 이 꿈을 품고 있었으리라 생각한다.

그렇지만 꿈과 현실은 좀처럼 일치하는 것이 아니다. 유구한 전통을 짊어진 일본의 여성을 서양 여성의 위치에까지 끌어올리자고 하는 데에는, 정신적으로도 육체적으로도 여러 대의 세대에 걸치는 수련을 요하는 것이었고, 이것이 우리 한 세대에서 채워질 리 만무하다. 섣부른 이야기이지만, 먼저 서양류의 자태의 아름다움, 표정의 아름다움,

---

42
《산시로三四郎》는 메이지 시대 말기에 도쿄에서 대학생활을 하는 고가와 산시로의 성장 과정을 그린 청춘 소설이다.

43
《개양귀비虞美人草》는 허영심 많은 여자가 이기적인 것과 도의적인 것 사이에서 갈등하는 내용의 1907년 소설이다.

걸음걸이의 아름다움이다. 여자에게 정신적인 우월을 갖게 하기 위해서는, 육체부터 먼저 준비하지 않으면 안 된다는 사실은 물론이지만, 생각해 보면, 서양에서는 멀리 그리스의 나체미 문명이 있었고, 오늘날에도 유럽의 도시에서는 머무르는 곳마다 거리에 신화의 여신 석상이 장식되어 있기 때문에, 그런 나라나 거리에서 자라난 부인들이 고르고 가지런하게 얻은 건강한 육체를 가지게 된 것은 당연하고, 우리의 여성이 정말로 그들과 동등한 아름다움을 가지기 위해서는 우리도 또한 그들과 같은 신화에서 태어나고, 그들의 여신을 우리 여신으로 우러르고, 수천 년 거슬러 올라가는 그들의 미술을 우리나라에 옮겨심지 않으면 안 된다. 지금에서야 실토하지만, 청년시대의 나 같은 이는 이런 하릴없는 꿈을 꾸고, 또 그 꿈을 쉽게 실현시키지도 못할 것이면서, 더없는 쓸쓸함을 느끼던 한 사람이었다.

●

나는 이렇게 생각한다 – 정신에도 '숭고한 정신'이라는 것이 있는 것처럼, 육체에도 '숭고한 육체'라 불리는 것이 있다고. 게다가 일본 여성에게는 무게가 나가는 육체를 가진 이가 매우 적고, 있더라도 그 수

명이 아주 짧다. 서양 부인은 여성미의 극치에 달하는 평균연령이 31, 2세.-곧 결혼 후 몇 년 사이라 하지만, 일본에서는 18, 9세부터 겨우 24, 5세까지의 처녀 사이에서라야 겨우 적은 수의 아름다운 사람을 보게 되는데, 그것도 대부분은 결혼과 동시에 바로 사라져 버리고 만다. 가끔 아무개의 부인이라든가, 여배우나 게이샤藝者 중에 미인 소리를 듣는 이가 있지만, 대개 그런 것은 여성잡지에나 나오는 그림 상의 미인이고, 실제 맞닥뜨려 보면 피부가 처지고 얼굴에 푸르죽죽한 화장독이나 검버섯이 생기고, 눈 바탕에 초라한 방사房事의 과잉에서 나오는 피로한 빛이 떠 있다. 특히 처녀 때의 눈처럼 희게 부푼 가슴과, 가득 차 넘칠 듯한 허리의 곡선을 허물어뜨리지 않고 그대로 지닌 이는 하나도 없다고 말해도 좋다. 그 증거로 젊을 때 꼭 맞는 양장을 하던 부인일지라도, 30대가 되면 어깨살이 죽고 허리둘레가 이상하게 빠져서 호리호리하게 되어, 좀체 양장이 몸에 맞지 않게 된다. 결국 그녀들의 아름다움은 일본 옷을 입거나 화장의 기교로 끌어올린 것으로, 가녀린 아름다움은 있을지라도, 정말 남자를 그 앞에 무릎 꿇게 할 만한 숭고한 아름다움을 느끼지는 못한다.

그러므로 서양에서는 '성스러운 음부', 아니면 '음란한 정부'라 불리는 타입의 여자가 있다면 있되, 일본에서는 이것이 있을 리 없다. 일본의 여자는 음란해짐과 동시에 처녀의 건강함과 단정함을 잃고, 혈색도 자태도 늙어져서, 작부와 가릴 바 없는 낮은 격의 음부가 되고 말았다.

•

　분명히 [44]도쿠가와 이에야스였다고 생각되지만, 부인은 남편의 침상 속에 언제까지나 머물러 있어서는 안 되고, 방사 뒤에는 될 수 있는 대로 빨리 자신의 침상으로 돌아가는 것이 오래 남편에게 사랑받는 비결이라는 취지를, 부녀의 몸가짐으로 가르치고 있는 것을 어떤 책에선가 읽은 적이 있다. 이것은 진한 것을 싫어하는 일본인의 성질을 어느 정도 잘 담고 있는 가르침인데, 이에야스처럼 매우 뛰어난 육체와 정신력을 가지고 있는 사람에게도 이런 말이 있을까 생각하자니, 조금 의외라는 느낌이 들지 않는 것도 아니다.
　이에야스의 교훈은 변칙의 연애나 일시적으로 확 타오르는 연애에는 꼭 들어맞지 않는 경우도 있겠지만, 적어도 정식으로 결혼생활을 꾸리는 이에게는 매우 적절한 주의였고, 실은 부인보다도 남편 쪽이, ─ 그가 일본인인 경우에는 ─ 누구라도 통감하고 있으리라. 나 같은 이도

---

[44]
도쿠가와 이에야스德川家康
1542-1616. 도요토미
히데요시에 이어 일본 센코쿠
시대를 통일한 후 에도 시대를
열었다.

더러 기억나는 일이어서, 아내는 말할 것도 없지만 연인에 대해서도, 직후 잠시는, - 가장 짧아서 2, 3분 동안, 길게는 하루 밤 이상 일주일 동안이나 한 달이나, - 떨어져서 있고 싶은 것이 상정인데, 과거의 연애 생활을 뒤돌아보면서 그런 느낌을 일으키지 않았던 상대와 경우는 거의 손꼽을 정도밖에 안 된다.

  여기에는 여러 가지 원인이 있겠지만, 어쨌든 일본의 남자는 이 방면에 있어서 비교적 일찍 피곤해한다. 그래서 피로가 빨리 오기 때문에 그것이 신경에 작용해서 뭔가 천한 것을 했다는 느낌을 불러일으켜, 기분을 어둡게 하고 소극적으로 만든다. 혹은 전통적으로 연애나 색정을 낮추어 보는 사상이 머리에 틀어박혀 있어서, 그것이 마음을 우울하게 하고 거꾸로 육체에 영향을 주는 것인지도 모르지만, 뭐라 하든지 우리는 성생활에 있어서 매우 담백한, 진한 음락에 견디지 못하는 인종이라는 사실만은 확실하다. 요코하마나 고베 근처의 항구나 공항에 있는 매춘부에게 들어보아도 이것은 사실이었는데, 그녀들의 이야기에 따르면, 외국인에 비해서 일본인은 훨씬 그쪽의 욕망이 적다고 말한다.

●

 그러나 나는 그것을 싸잡아 우리의 체질이 약한 데로 돌리고 싶지 않다. 앞으로 크게 스포츠를 번성시켜, (그래서 말해 두지만, 서양인이 스포츠를 즐겨하는 것은 어느 정도 그들의 성생활과 밀접한 관계가 있음에 틀림없다. 맛있는 음식을 실컷 먹기 위해서 배를 비워 두는 것과 같은 의미이다) 서양인과 나란히 강건한 육체를 갖게 되었다 할지라도, 결과적으로 그들처럼 진하게 될는지는 의문이다. 전체 우리가 다른 방면에서는 꽤 활동적이고 정력적인 인종이라는 사실은, 과거의 역사에 비추어서도 현재의 국세에 징험해서도 명확한 것이다. 우리가 성욕에 진하지 못한 것은 체질이라 하기보다도 계절, 풍토, 음식물, 주거 등의 조건에 제약되는 바가 많은 것은 아닐까.

 이에 대해서 생각나는 것은, 서양인은 일본에 오래 머물러 있으면 점차적으로 머리가 나빠지고 몸이 노곤히 나른해져서, 드디어는 일을 할 수 없을 것처럼 된다. 그래서 4년에 한 번 정도는 휴가를 얻어 귀국하여, 고향에 반년이나 일 년 정도 있다가 다시 돌아오든가, 그럴 틈이 없는 사람은 일본에서도 거의 유럽의 기후와 비슷한 곳으로 전근한다. 신슈信州의 가루이자와軽井澤가 개척된 것은 순전히 그 때문이었다고 하는데, 결국 일본은 유럽에 비교해서 그만큼 습기가 많은 것이다. 우리마저도 장마철에는 신경쇠약에 걸린다든지 손발을 움직이기 싫어지는데, 장마가 없는 마른 기후의 나라에서 온 사람이 이 땅에 있자면 일 년 내내 장마처럼 느낄지도 모른다. 하긴 세계에서 일본 이상으로 습기가 많은 곳도 있다. 내 친구이자 어떤 회사의 사원으로 오래 인도의 봄베이에서 일했던 사람이 가끔 귀국해서 하는 말이, "이야, 해마다 일 년 내내 찌는 더위로, 끈적끈적해서 도무지 머물 수 없네. 저런 곳에서 또 일하라 한다면 사직하는 쪽이 낫겠어"라고 해서, "그래도 때로 귀국할 수 있지 않은가" 했더니, "4년에 한 번 정도 돌려보내지 않으면 안 갈 테야. 거기서 오래 살아 봐, 누구라도 머리가 바보가 되 고, 몸속이 골수부터 썩게 돼 있어. 그래서 일본인이든 서양인이든 모두 거기 가는 것을 싫어해"라고 하였는데, 당당히 그 남자는 정말로 회사를 그만둬 버렸다. 대개 수많은 재류 외국인 중에는 일본에 파견되는 것을 꼭 일본인이 봄베이에 파견되는 것처럼 느끼는 사람도 있음에 틀림없다.

어쩌면 지나치게 건조한 땅도 건강에는 별로이겠지만, 성욕에 국한하지 않고, 예를 들어 기름이 많은 음식이나 센 술로 배불렀을 때 등, 모두 진한 환락 뒤에는 맑은 공기를 쐬고 깨끗하게 갠 푸른 하늘을 쳐다보고 나서야, 육체의 피로도 회복되고 두뇌도 다시 맑아지는 것이다. 그런데 습기가 많은 나라는 따라서 비도 많으므로, 푸른 하늘을 보는 시간이 적고, 특히 일본은 섬나라인 탓인지 어느 정도 해안으로부터 먼 고원지가 아닌 한 겨울에도 공기가 눅눅하여, 남풍이 부는 날 등은 찐득찐득한 바닷바람 때문에 얼굴에 미끈미끈한 비지땀이 솟아나서, 두통을 앓는 것 같은 경우가 드물지 않다. 나는 여행가가 아니므로 확실히는 말할 수 없어도, 아마도 일본에서 비교적 비가 적고 따뜻하면서도 건조한 땅 그리고 교통편도 나쁘지 않은 지역이라면, 내가 현재 살고 있는 록고六甲산맥 일대와, 누마츠沼津부터 시즈오카靜岡에 이르는 저 연안 등이리라. 한때 의사들이 허약한 사람에게 해변으로 이사하는 것을 권하여, 도쿄라면 쇼난湘南 지방, 교토와 오사카라면 스마須磨 아카시明石 해변으로 요양을 떠나는 것이 유행이었고, 지금도 가마쿠라 언저리에서 도쿄까지 출퇴근하는 사람을 보게 되는데, 내 경험에 따르면 해변의 땅은 확실히 겨울이 따뜻하기는 해도, 그 대신에 예의 바닷바람이 불어오는 날이 많아, 옷 등이 바로 흠뻑 젖어 와서 머리가 쭈뻣쭈뻣 치켜 올라간다. 1월 2월은 아직 괜찮은데, 3월 4월이 되면 한층 이것이 심하다. 만일 여름의 찌는 듯한 더위가 시작된다면 가마쿠라 등은 도쿄보다도 온도계가 쭉 올라갈 정도인데, 무엇이 괴로워서 마시는 물도 맛없고 모기도 많은 곳으로 피서를 가는지 알 수 없다. 나 같은 이는 사람이 늘어서면 현기증이 일어서일까, 구게누마鵠沼에도 오다하라小田原에도 산 적이 있지만, 대체로 머리에 묵직한 통증을 느끼지 않는 날이 적고, 특히 오다하라에서는 격심한 신경 쇠약에 걸려 체중이 놀라우리만치 줄었다. 교토 오사카에서의 스마 아카시도 거의 이와 같은 모양이었다.

그런 뜻에서, 어쨌든 일본이라는 나라는 그 중추부의 대부분이 이처럼 끈적끈적한 기후이기 때문에, 진한 환락 쪽으로는 결단코 가려 하지 않는다. 프랑스에서는 한여름의 땡볕이 내리쬘 때라 하더라도 땀이 저절로 말라 버려서, 결코 피부가 끈적이지 않는다 하지 않는가. 그런 지역에서야말로 실컷 성욕에 빠질 수도 있겠지만, 꾹 참더라도 두통을 앓는다든지 배고프다든지 해서는 너무 무리한 놀이는 생각지도 못한다. 실제 세토나이카이瀬戶內海 지방의 저녁쯤에 마침 가면, 정말 맥주를 조금 마셨건만 바로 몸 안이 끈적끈적해서, 유카타의 목덜미나 소매에는 개기름이 끼고, 뒹굴대자면 마디마디가 욱신거리는 듯해서, 그런 때에는 전혀 욕정도 없고, 방사 같은 것은 생각만 해도 귀찮아진다. 그렇듯 계절의 기후가 이런 형편이므로, 음식도 또 담백하고 주거의 형식도 개방적이어서, 이것이 크게 영향을 미친다. [45]가이바라 에키켄이 백주에 방사하는 것을 권한 것은, 일본 같은 풍토에 있어서

45
가이바라 에키켄貝原益軒
1630-1714. 에도 시대 초기의
유학자·식물학자이며 기행문
작가이다. 모든 계층 사람들이
이해할 수 있도록 유교사상을
쉽게 풀이하여 유교 윤리를
하층 민중에게 심어 주었다.

는 특히 건강한 방법이었고, 그래서 한편 맑게 갠 날을 받아, 욕조에서라도 씻고 그 언저리를 산보하고 오면, 우울한 기분에 빠지는 것도 적고 피로도 빨리 씻길 터이지만, 어쩌랴, 보통 민가의 집 구조로는 밀폐된 방이라 할 만한 것이 없기 때문에, 이것도 좀체 말뿐이지 행하기에는 어려운 것이 되었다.

●

그렇다면 인도나 남중국해 쪽의 습한 나라에 사는 사람들은 우리 이상으로 그 방면이 담백하리라 할 터인데, 어쩐지 그러하지 않은 것 같다. 그들은 우리보다는 줄곧 농후한 음식을 먹고, 방 배치가 더 모여 있는 집에 살고, 그에 상당하게 진하게 살고 있는 것처럼 생각된다. 그렇지만 예로부터 중국이 대부분 북방에서부터 정복되었던 역사를 생각하고, 또 인도의 현 상태 등을 보자면, 그런 것을 위해 그들은 정력을 너무 소비했는지도 모른다. 물자가 풍성한 대국의 백성은 그래도 좋았을 것 같지만, 일본인처럼 활동적이고 성마르고 지기 싫어하고, 게다가 가난한 섬나라에 태어난 사람은 도저히 저런 시늉은 할 수 없었을 것이다. 착해도 악해도 어쨌든 우리는 각고정려刻苦精勵하고, 무인은 무술을 닦고 농부는 경작에 열중하고, 일 년 내내 쉼 없이 부지런히 일하지 않으면 나라를 유지해 나가지 못했다. 만약 조금이라도 기분을 누그러뜨려 헤이안 시대의 대신처럼 안일한 생활을 이어갔다면, 문득 가까운 이웃의 큰 나라로부터 침략을 당해, 조선이나 몽골이나 베트남과 같은 운명을 불러왔으리라. 그 사정은 옛날에도 현대에도 변함없으나, 그나마 우리는 결코 지지 않으려는 정신이 강한 민족인 것이다. 우리가 오늘날 동양에서 자리를 차지하면서 세계 선진국의 반열에 있는 것은, 곧 우리가 진한 환락을 탐하지 않았던 까닭이라 말할 수 있겠다.

●

연애를 노골적으로 드러내는 것을 비천하게 보고, 게다가 색욕에 담백한 민족이므로, 우리나라의 역사를 읽는다 해도 그늘에서 일하던 여성에 관한 것은, 한편 명확히 적혀 있지 않다. 나 같은 이는 직업상 과거의 인물을 소재로 해서 역사소설을 쓰려는 생각을 더러 하지만, 언제나 곤란한 것은 그 인물을 둘러싼 여성의 움직임을 확실히 알 수 없다는 점이다. 말할 것도 없이 역사에 등장하는 영웅호걸들도 반드시 뒷면에는 어떤 모습으로 연애사건이 있었음에 틀림없고, 그런 방면을 기탄없이 묘사해야만이 인간미를 드러내는 일이 가능할 것인데, 저 [46]다이코가 [47]요도기미에게 보내는 연애편지 등은 정말로 귀중한 자료이지만, 그렇다 싶은 문서가 전해지는 일은 확률적으로 적고, 드물게도 전문적인 역사가가 여러 날 애써서 조금씩 하나 둘 모아둔 데 지나지 않는다. 심하게는 역사상 저명한 인물이라도 그 아내의 유무조차 알지 못하고, 어머니가 있었다는 사실이 확실한 데도 그녀의 출신이나 이름을 모르는 경우가 있는 것은 여러 집안의 계보를 보면서 늘 느끼는 바이리라. 실로 예로부터 족보 쓰기라는 것은 위로는 황족부터 아래로는 가족의 족보에 이르기까지, 남자의 행동을 전하는 경우는 비교적 자세함에도 불구하고, 여자의 경우에는 단순히 '여자' 또는 '여'라고 기입할 뿐으로, 태어난 해에도 죽은 해에도 이름조차 적지 않는 것이 보통이었다 말해도 좋을 것이다. 곧 우리 역사에서는 개개의 남성은 있을지라도, 개개의 여성은 없다. 그것은 족보에 있는 대로, 영구히 한 사람의 '여자'-또는 '여'인 것이다.

[46]
다이코太閤는 관파쿠(關白, 천황의 최고 보좌관 또는 섭정)를 아들에게 물려준 사람. 여기서는 도요토미 히데요시를 말한다.

[47]
요도기미淀君는 도요토미 측실의 속칭. 도요토미가 죽은 뒤 오사카성에 있다가 성이 함락되자 스스로 목숨을 끊었다.

●

《겐지 모노가타리》에 〈스에츠무하나未摘花〉라는 편이 있다. 겐지에게 새 연인을 갖게 해 주려고 [48]대보의 명부인 여자가, "성격이나 용모 같은 것은 잘 모릅니다. 언제나 조용히 살고 있고, 누구와도 깊이 사귀지 않아서, 늘 물건을 사이에 두고 이야기합니다. 오직 거문고만 가까운 말벗으로 삼고 있습니다"라고, [49]히타치노미야의 딸에 대한 소식을 전해 주었으므로, 어느 가을밤 20일쯤 달이 나오는 즈음에, 겐지는 참다참다 거친 세상에서 쓸쓸히 지내고 있는 아가씨와 말을 트게 된다. 아가씨는 한결같이 부끄러워하였는데, 이래저래 명부로부터 권유를 받자, "대답을 안 하고 듣기만 해도 된다면, 격자문 같은 것을 내리고 들어 봅시다"라고 받아들였다. 격자문 밖에서는 너무 실례가 되기 때문에, 명부가 겐지를 한 칸 안으로 들여보내, 차양을 가운데에 치고 만날 수 있었다. 겐지는 아가씨의 모습은 보이지 않지만, '하녀들의 권유에 따라 앉은뱅이걸음으로 다가앉은 스에츠무하나에게서 그윽한 향내가 감돌았다'고 느낀다. 그리고 차양의 이쪽에서 겐지가 무슨 말을 걸어도, 아가씨에게서는 한마디도 들려오지 않았다.

"대체 몇 번이나 당신의 침묵에 져 버렸을까요.

---

[48]
대보大輔는 헤이안 시대에 중앙관청의 차관급 직책이며, 명부命婦는 여성 관리나 고급관리의 부인을 일컫는 말이다.

[49]
히타치노미야常陸宮는 천황의 친동생을 가리키는 칭호이다.

당신이 말을 하지 말라고 일러 주지 않아서 가망이 있다고
생각하여, 어느덧 또 얘기하게 되었습니다만."

이라고, 겨우 겐지가 입을 떼면, 차양 안에서 모시는 시종이 아가씨를 대신하여 답했다.

"종을 쳐서 이야기를 끝맺는 것처럼
당신의 이야기를 중단하기 어렵지만,
그렇다고 답변하기도 어렵고 모두 도리에 안 맞는 일입니다."

 이렇게 말이 오가다 결국 겐지는 차양을 밀고 안으로 들어가 아가씨와 약속을 맺는 것인데, 역시 실내가 어두워서 상대의 몸은 분간하지 못하고 만다. 이렇게 겐지는 오랜 기간 아가씨의 얼굴을 모른 채 오가다, 어느 눈 내리는 날 아침, 손수 마루 끝의 격자문을 올리고 꽃나무에 내린 눈을 구경하면서, "저 풍치 있는 하늘 경치를 보십시오. 아직도 마음을 터놓지 않는 까닭을 모르겠습니다"라고 한스러워 하자, 곁에 있던 하인들도, "빨리 나오십시오. 그러면 안 됩니다. 고분고분한 것이 무엇보다 중요합니다"라고 권유하여, 아가씨는 드디어 몸을 드러

내 처음으로 앉은뱅이걸음을 하며 나온다.

〈스에츠무하나〉의 경우에는, 이 아가씨의 코끝이 붉은 사실이 그때에 밝혀져, 그토록 대단한 겐지도 색달라 했다는 [50]풍자적인 이야기이지만, 그러나 그런 풍자사건이 성립할 정도로, 상대의 얼굴도 모른 채 줄곧 오갔다는 일이 당시는 보통이었다고 볼 수 있다. 먼저 중매를 서는 대보의 명부부터가, "성격이나 용모 같은 것은······모릅니다,······ 사귀지 않아서, 늘 물건을 사이에 두고 이야기 합니다"라고 말하고 있으므로 아직 아가씨의 실물을 보지 않고, 아마도 차양인지 뭔지 치고서 말한 일이 있을 뿐이고, "오직 거문고만 가까운 말벗으로 삼고 있습니다"라는, 다만 그것만으로는 미덥지 않은 설명이다. 이런 설명을 하는 중매쟁이도 중매쟁이지만, 거기에 끌려서 냉큼 가서는, 정체도 분명히 하지 않은 채 그대로 약속을 거듭하고 있다는 것은, 지금으로 본다면 남자 쪽도 충분히 호기심이 지나치다. 생각건대 개성이라는 것을 중요시하는 현대의 남자라면, 하룻밤의 못된 장난이라면 모를 일, 그런 식으로 해서 진짜 연애를 즐기는 것이 가능하리라고는 꿈에도 생각할 수 없으리라. 그런데 앞에서도 말했다시피, 헤이안 왕조의 귀족 사이에서는 이것이 실로 보통이었다. 여자는 글자 그대로 '깊은 방의 가인佳人'이어서, 붉은 휘장이 쳐진 방 깊숙이에 드리우고, 게다가

50
얼굴을 바로 보니
스에츠무하나는 무척 못생긴
여자였다. 코는 길고 붉으며
그 끝이 처져 있다는 용모의
설명이 풍자적으로 들린다.
크게 실망한 겐지는
그와의 만남을 끝내지만,
줄곧 그를 잘 챙겨주었다.
스에츠무하나를 굳이 우리말로
옮기면 '마지막에 따는 꽃'이다.

당시 채광이 나쁜 집 안에서는 낮이라 해도 어두컴컴한데, 하물며 등불을 켠 어두운 밤이라면 한 칸을 사이에 두고 코를 마주하더라도 쉽사리 분간되지 않았을 것이라 상상할 수 있다. 곧 그런 어두운 깊은 곳에 차양이다 주렴이다 하는 몇 겹의 장막을 설치하고, 그 그늘에서 쥐 죽은 듯 살고 있는 것이므로, 남자의 감각을 건드리는 여자라는 것은, 다만 옷 벗는 소리이고, 향이 타는 냄새이고, 얼마만큼 접근한다 해도 손으로 더듬는 촉감이며, 긴 머리카락의 급류였음에 지나지 않는다.

●

여기서 잠시 여담이지만, 벌써 10년쯤 전, 일찍이 나는 교토에 머물고 있었는데, 밤이 무척이나 새까맣게 느껴진 적이 있었다. 요즈음은 그 도심에도 전기가 깔렸기 때문에, 시내라면 어느 정도 밝게 북적거리게 되었겠지만, 그때는 아직 세계전쟁이 한창이어서, 성 밖의 색주가나 극장가 같은 번화한 곳 말고는, 날이 저물면 실로 깜깜하였다. 큰 거리는 그래도 웬만큼 빛이 새어 나오지만, 조금만 골목으로 들어선다든지 하면, 전혀 칠흑 같은 어둠으로, 반딧불만 한 등불도 보이지 않는다. 다소 변두리의 주택가라는 것은 높은 토담을 둘러친 작은 성곽 같은 구조물로, 문에는 엄중히 한 치의 틈새도 없이 판자문이 잠겨 있고, 집 가운데에는 또 가림벽이라 부르는 칸막이 같은 담이 있어서, 이중으로 삼중으로 닫아 놓았기 때문에, 집 안에서는 한 점의 불빛도 소곤대는 사람의 목소리도 새 나가지 않고, 기척 없는 폐허 같은 벽이 어둠 속에 묵연히 이어지고 있었다. 그 벽과 벽 사이의 구부러진 좁은 길을 나는 처음에 아무 느낌 없이 걸었는데, 어디까지 가도 어둠이 너무 짙고 너무 고요해서, 곧 알지 못할 두려움을 느끼고, 뭔가에 쫓기다시피 달려 나온 적이 있다.

대개 현대의 도시인은 진짜 밤이라는 것을 알지 못한다. 아니 도시인이 아니라도, 요즈음은 꽤나 변방의 시골 거리라도 은방울 모양의 꽃등이 꾸며진 세상이므로, 차차 어둠의 영토는 내몰려서, 사람들은 모두 밤의 암흑이라는 것을 잊어버리고 말았다. 나는 그때 교토의 어둠을 걸으면서, 이것이 진짜 밤이었던 것이다, 나는 오래도록 밤의 어둠을 잊고 있었다, 그렇게 생각했다. 그래서 내가 어렸을 적, 기억나지 않는 [51]행등의 밝음 아래서 자던 무렵의 밤이라는 것이, 얼마나 무시무시하고, 쓸쓸하고, 섬뜩하고, 따분한 것이었던가를 떠올리고, 이상한 그리움을 느끼는 것이었다.

51
행등行燈은 나무틀에 종이를
붙인 실내 조명등으로 에도
시대에 서민들 사이에 널리
보급되었다.

조금이라도 메이지 10년대에 살아본 사람은 그 무렵 도쿄의 밤거리가 꼭 교토의 그것과 같다는 사실을 기억하고 있으리라. 나는 내 집에서 이웃의 친척집까지, 다리를 건너 5, 6가의 거리를, 가끔 동생과 함께 단숨에 꿈처럼 달려갔던 것을 기억하고 있다. 물론 그 시절은 비록 52 시다마치의 한가운데라도 여자 혼자서 걷는 따위는 밤에는 가능한 것이 아니었다. 벌써 10년 전의 교토, 40년 전의 도쿄가 그럴 정도였다고 한다면, 지금부터 천 년 전 교토의 밤의 어둠과 고요함은 얼마만큼이었을까. 나는 거기까지 생각을 끌어와서, '검은 밤'이라는 말이나 '밤의 흑발'이라는 말과 맞닥뜨리면, 그 무렵의 여자라는 것에 붙어 다니는, 어떤 유현한, 신비스런 느낌을 확실히 읽어 낼 수 있다.

•

'여자'와 '밤'은 예나 이제나 붙은 말이다. 그러나 현대의 밤이 태양광선 이상의 현혹과 광채를 가지고 여자의 나체를 샅샅이 비춰내는데 반해, 옛날의 밤은 신비한 암흑의 장막을 가지고, 발을 치고 있는 여자의 모습을 더욱 그 이상으로 감싼 것이다.

여자는 실로 저 늘 어두운 밤에 깊숙이 숨어서, 낮 동안은 모습을

52
시다마치下町는 주로
귀족 집안에 물자를 대는
장사꾼들이 사는 동네로, 많은
이들이 모여 번화한 상가를
이루고 있다.

보여 주는 일이 없고, 다만 '꿈일 뿐인' 세계에서만 환영처럼 나타난다. 그것은 월광처럼 희뿌옇고, 벌레 소리처럼 가늘고, 풀잎의 이슬처럼 여리고, 요컨대 암흑의 자연계가 만들어낸 처절한 도깨비나 요괴의 하나이다. 옛날에 남녀가 노래로 주고받을 때 때때로 사랑을 달에 갖다 댄다든지 이슬에 갖다 댄다든지 한 것은 결코 우리 생각처럼 가벼운 의미의 비유가 아니었다. 동침하고 난 아침, 이슬에 옷깃을 적셔 가면서 마당의 풀잎을 밟고 돌아가는 남자를 생각하면, 이슬도 달도 벌레 소리도 사랑도 그 관계가 매우 밀접해서, 때로는 하나인 것처럼 느껴지리라. 요즘 사람은 《겐지 모노가타리》 이하 옛 소설에 나타나는 부인의 성격이 여기든 저기든 하나같아서 개성을 나타내지 못하였다고 공격하겠지만, 옛날의 남자는 부인의 개성 때문에 사랑한 것도 아니고, 어떤 특정한 여자의 얼굴의 아름다움, 육체의 아름다움에 홀렸던 것도 아니다. 그들에게 있어서 달은 항상 같은 달인 것처럼, '여자'도 영원히 단 하나의 '여자'였을 것이다. 그들은 어둠 속에서 희미한 소리를 듣고, 옷 냄새를 맡고, 머리카락에 대고, 요염한 촉감을 손으로 더듬어 느끼고, 그래도 밤이 밝으면 어딘가로 사라져 버리는 바의 그런 것들을 여자라고 생각하였으리라.

●

나는 일찍이 소설 《여뀌 먹는 벌레》에서, 주인공의 감상에 의탁하여 53분라쿠자 인형극의 경우를 아래와 같이 적었다.

······그것을 끈기 있게 바라보고 있으면, 인형 부리기도 결국에는 눈에 들어오지 않고, 고하루는 이제 54분고로의 손에 안겨 있는 요정이 아닌, 분명히 다다미에 척 자리 잡고 살고 있는 것이다. 그렇지만 그렇다 해도 배우가 연기하는 느낌과도 달랐다. 바이코나 55후쿠스케의 것은 웬만큼 교묘해도 "바이코구나" "후쿠스케구나" 하는 느낌이 들었는데, 이 고하루는 순순히 고하루 이외의 아무것도 아니다. 배우 같은 표정이 없는 것이 어딘지 부족하다면 부족하지만, 생각에 옛 유곽의 여자는 연극을 하는 듯한 뚜렷한 희로애락을 얼굴에 드러내지는 않았던 것이다. 겐로쿠 시대에 살았던 고하루는 아마도 '인형 같은 여자'였으리라. 사실은 그렇지 않다 할지라도, 어쨌든 조루리를 들으러 오는 사람들의 꿈인 고하루는 바이코나 후쿠스케의 그것이 아니고, 바로 인형의 모습이다. 옛 사람이 이상으로 삼았던 미인은 쉽게 개성을 드러내지 않는, 조심스럽고 깊은 여자였음에 틀림없기에 이 인형이 됐다는 뜻이고, 이 이상 특징이 있

53
분라쿠자文樂座는 19세기 초 닌교조루리를 발전시킨 우에무라 분라쿠겐 直村文樂軒의 이름을 따서 오사카에 만든 인형극 전용 극장이다.

54
분고로文五郎 1763-1841, 일본화가인 다니 분초谷文晁를 말한다. 중국, 일본, 서양의 양식을 절충한 새로운 화파를 창시했다.

55
후쿠스케福助는 집안 대대로 분라쿠만을 연기하는 명가로 바이코와 쌍벽을 이룬다.

어서는 어쩌면 방해가 될는지 모른다. 옛 사람은 고하루도 우메가와도 [56]미카츠도 오슈운도 같은 얼굴이라 생각했는지도 모른다. 곧 이 인형 고하루야말로 일본인의 전통 속에 있는 '영원한 여성'의 표상은 아닐까…….

이 경우는 한 인형극에 대해서만이 아니라, 마키에나 우키요에에 그려져 있는 미인을 보더라도 같은 느낌이 든다. 시대에 따라 작자에 따라 미인의 형태에 웬만큼 변화는 있을지라도, 저 유명한 [57]다카요시 겐지 이하 마키에에 있는 미녀의 얼굴은 누구라도 같고 전혀 개인적 특징이 없어, 헤이안 시대의 여자라는 것은 모두 같은 얼굴을 하고 있는가 생각할 정도이다. 우키요에에 있어서도, 배우의 초상화는 별도로 하고, 적어도 여자 얼굴에 관한 한 우타마로에게서는 우타마로가 좋아서 그린 얼굴, [58]하루노부에게서는 하루노부가 좋아서 그린 얼굴이라는 것은 있지만, 동일한 화가는 끊임없이 같은 얼굴만을 그리고 있다. 그들이 제재題材로 하는 여자의 종류는 유녀遊女, 게이샤, 여염집 처녀, 부인, 그밖에 갖가지인 데도, 언제나 같은 얼굴에 다른 옷이나 머리 모양을 준 데 지나지 않는다. 그래서 우리는 여러 화가가 이상으로 삼아 그린 많은 미녀의 얼굴에서, 그 누구라도 공통된 전형적 '미인'을

---

[56] 미카츠三勝, 오슈운도 고하루, 우메가와와 같이 분라쿠에 나오는 여자 주인공의 이름이다.

[57] 다카요시 겐지隆能源氏는 미나모토노 다카요시源隆能가 그렸다고 하는 《겐지 모노가타리》를 소재로 한 마키에를 일컫는다.

[58] 스즈키 하루노부鈴木春信 1725-1770, 에도 시대 중기의 우키요에 화가로 서민 여성의 일상생활을 주제로 가련하고도 서정적인 미인의 모습을 그렸다. 또 다색판화인 니시키에를 확립하여 우키요에의 황금시대를 맞이했다.

상상하는 일이 가능하다. 말할 것도 없이 옛 우키요에의 거장들이 모델에 대하여 개인적 특색을 분별해낼 힘이 없었던 것도 아니고, 또 그것을 그려낼 기술이 없었던 것도 아니다. 아마도 그들은 그런 개인적 색채를 지워 버리는 쪽이 한층 아름답고, 그것이 그림 그리기의 마음가짐이라 믿고 있었던 것이리라.

•

일반적으로 동양의 교육방침은 서양과는 반대로, 될 수 있는 대로 개성을 죽이는 데에 있었던 것은 아닐까. 예를 들어 문학예술이라 해도, 우리가 이상이라 여기는 바는 이제껏 누구도 가 보지 못한 새로운 아름다움을 독창적으로 만드는 데 있지 않고, 옛날의 시성詩聖이나 가성歌聖이 다다랐던 경지에 자신도 도달하는 것에 있었다. 문예의 극치-아름다움이라는 것은 예부터 유일하게 변하지 않는 것이었고, 역대 시인이나 가인은 그 한 가지를 되풀이해서 노래하고, 어떻게 해서든 정상에 이르려고 노력한다. "올라가는 산길은 많다 해도, 같은 산마루의 달을 본다네"라는 노래가 있지만, [59]바쇼의 경지는 요컨대 [60]사이교의 경지처럼, 시대에 따라 문체나 형식은 달라질지라도, 목표

59
마쓰오 바쇼松尾芭蕉 1644-1694. 에도 시대의 하이쿠 시인으로 일본 문학 사상 가장 널리 알려져 있다. 특히 일본 북부 지방을 여행하며 쓴 시가 뛰어나다.

60
사이교西行 1118-1190. 승려이자 시인으로 헤이안 시대에 일본 전통 시 형식인 단카의 대가 중 한 사람이다.

점은 다만 하나의 '산마루의 달'이다. 이것은 문학보다도 회화―특히 [61]남화를 보면 안다. 남화의 훌륭한 작품은 산수山水이든 죽석竹石이든, 개인에 따라 기교는 여러 가지로 달라질지라도, 거기서부터 받는 일종의 신운神韻―선미禪味랄까 풍운風韻이랄까 연하煙霞의 기운이랄까―어쨌든 오도悟道에 이를 듯한 숭고한 아름다움의 느낌은 언제나 같았고, 남화가의 궁극의 목적은 필경 이러한 기품을 얻는 데 있다. 남화가가 때때로 자신의 작품 제목에, '누구누구의 필의筆意에서 배우다'라고 설명을 붙이는 것은 곧 자신을 비우고 앞사람의 발자취를 밟는다는 것으로, 그런 사실로부터 생각하자면, 고래로 중국의 그림에 모사한 작품이 많고, 또 작품 모사를 꾀하려 하는 이가 많은 것은 반드시 사람을 속이려는 의지 때문은 아닌 것이다. 그들에게 있어서 개인적 공명 따위는 문제가 아니고, 전적으로 자신을 고인에게 합치시키려 하는 일이 즐거운 것일는지 모른다. 그 증거로서 모조품이라 할지라도 실로 공들인 세밀화가 있는데, 그런 작품을 닮게 그리는 데에는 그 사람 자신에게 웬만큼 솜씨와 왕성한 제작열이 없으면 안 되고, 욕심을 부려서는 그만한 데까지 이를 수 있는 작품이 될 수 없는 것이다. 먼저 고인의 아름다움의 경지를 궁구하는 일이 주안점이고, 자신을 주장하는 일이 목적이 아닌 이상은 작자의 이름 따윈 누구라도 괜찮다는 뜻이다.

---

[61]
남화南畵는 전통적인 일본
채색화에 대응하는
수묵화이다.

공자는 정치에 관해 요순의 옛날로 돌아가는 것을 이상으로 하고, 때때로 '선왕의 도'를 말했다. 이 끊이지 않는, 옛날을 모범으로 하고, 거기에 복귀하려고 하는 경향이 있었다는 점이 동양인의 진보 개발을 막았던 까닭이지만, 싫든 좋든 우리의 조상은 모두 거기에 마음을 쓰고, 윤리도덕의 수양에 있어서도 자신을 내세우기보다는 옛 선현의 도를 지키는 일을 제일로 하였다. 특히 여자는 자기를 죽이고 사사로운 감정을 버리고 개인적 장점을 몰각해서, '정녀'의 전형에 충실하려 애썼던 것은 아닐까 생각된다.

●

　일본어에 색기라는 말이 있다. 이건 좀체 서양어로 번역되지 않는다. 요즈음 [62]엘리노 글린에 의해 발명된 [63]'그것'이라는 말이 미국에서 건너왔지만, 색기와는 매우 의미가 다르다. 영화에서 보는 클라라 보우 같은 이는 풍만한 그것의 소유자이겠지만, 무릇 색기와는 가장 인연이 먼 여자이다.
　옛날에는 가정에 삼촌이나 고모가 있는 쪽이, 도리어 신혼인 여자에게서 색기가 나게 한다 해서, 그것을 기뻐하는 남편이 있었다. 오늘

---

[62]
엘리노 글린Elinor Glyn
1864-1943. 영국의 소설가로 호화로운 배경과 비현실적인 줄거리를 특징으로 하는 매우 낭만적인 작품을 썼다.

[63]
〈그것it〉은 미국을 배경으로 하고 있는 엘리노 글린의 작품으로 1927년 할리우드에서 영화로 만들어졌다. 영화 제작 후 몇 년 동안 '그것'이라는 말은 성적 매력과 동의어로 사용되었다.

날의 신랑 신부는 부모가 있더라도 대개 분가해서 따로 살기 때문에, 좀체 그런 마음을 알기 어려울지 모르지만, 며느리가 부모를 조심하면서, 그늘에서 남편에게 안겨 애무해 주도록 바라는 - 수줍은 태도 속에서 뭔가 그것이 엿보이는 - 그 모습에, 많은 남자는 말하기 어려운 매혹을 느낀다. 방종하여 노골적인 것보다도, 내부로 억제된 애정을 숨기려 해도 숨겨지지 않아서, 때로 무의식적으로 말씨나 몸짓 끝에 드러나는 것이 한층 남자의 마음을 이끈다. 색기라는 것은 대개 그런 애정의 뉘앙스이다. 그 표현이, 어렴풋한, 부드러운 뉘앙스 이상이 되어서 적극적이 되면 될수록 '색기가 없다'고 여겨지는 것이다.

색기는 본래 무의식적인 것이므로, 태어나면서 그것이 갖추어진 사람과 그렇지 않은 사람이 있고, 격에 맞지 않는 이가 아무리 색기를 내려 애써도, 그저 아니다 싶게 부자연스러워질 뿐이다. 용모가 잘나서 색기가 없는 사람이 있다면, 그 반대로 얼굴은 못생겼지만, 음성이라든지 피부 빛이라든지 몸매 따위에서 이상스럽게 색기를 가진 사람이 있다. 서양이라도 한 사람 한 사람 여자를 뜯어본다면 그런 구별이 있음에 틀림없겠지만, 화장법이나 애정의 표현법이 꽤 기교적이고 도발적이어서, 색기의 효과가 사라지고 마는 경우 또한 많다.

태어나면서 색기를 가진 사람은 물론, 설령 그것이 모자란 사람일지라도, 마음 깊은 곳에 있는 애정 – 또는 욕정 – 을 가능한 한 감추어 두고, 한층 깊은 곳에 밀어넣어 두려 할 때에, 도리어 그 마음이 일종의 풍정風情을 띠고 나타난다. 그런 점에서 생각하자면, 여자를 유교적으로 무사도적으로 교육한 것, – 곧 [64]《온나다이카쿠》 유의 정녀를 만든다고 하는 것은 다른 면에 있어서는 가장 색기가 있는 부인을 만드는 일이었던 것이다.

●

동양의 부인은 자태의 미, 골격의 미에 있어서 서양에 뒤지지만, 피부의 아름다움 살결의 부드러움에 있어서는 저들보다 낫다고 할 수 있다. 이것은 나의 옅은 경험으로도 그렇게 생각할 뿐만 아니라, 많은 사람들을 통해 일치한 의견이고, 서양인으로서도 동감하는 이가 적지 않은데, 나는 실은 한 발 더 나아가서, 손으로 전해 오는 쾌감에 있어서도(적어도 우리 일본인에 있어서는) 동양의 여자가 서양보다 뛰어나다고 말하고 싶다. 서양 부인의 육체는 얼굴빛이든 균형이든 멀리서 바라볼 때는 대단히 매혹적일지라도, 가까이 다가가면 살결이 거칠고 솜털이 더부룩이 나 있다든지 해서, 뜻밖에 자리가 썰렁해진 적이 있

64
《온나다이카쿠女大學》는 18세기 초에 여자들의 도덕 교과서로 만들어진 책으로 에도 시대에 널리 쓰였다.

다. 게다가 보기만 해서는 팔다리가 깔끔하기 때문에, 자못 일본인이 좋아하는 단단한 피부인 듯 생각되지만, 실제로 손발을 잡아 보면 살이 매우 부드러워, 부글부글해서 찌르는 맛이 없고, 꽉 조였다 충실하다 그런 느낌이 들지 않는다.

　결국 남자 입장에서 말하자면 서양의 부인은 포옹하기보다도 대체로 보는 데 적당하고, 동양의 부인은 그 반대라 할 수 있다. 내가 알고 있는 한에서는, 피부의 매끄러움, 살결의 부드러움은 중국의 부인을 제일로 치지만, 일본인의 피부도 서양인에 비한다면 훨씬 가냘프면서도 섬세하고, 빛깔은 아주 희지 않다 해도, 어떤 경우에는 그 옅은 황색을 띠고 있는 것이 도리어 깊이를 더하고 함축을 더한다. 이것은 필경 옛 《겐지 모노가타리》부터 도쿠가와 시대에 이르기까지의 습관으로서, 일본의 남자는 부인의 전신의 모습을 밝은 데서 생생히 바라볼 기회를 얻지 못하고, 언제나 연꽃등이 어슴푸레한 침실 속에서, 정말 일부만을 감촉으로 애무했던 데에서 자연히 발달한 결과라고 생각할 수 있다.

•

  클라라 보우 유의 '그것'과 《온나다이카쿠》 유의 '색기', 어느 쪽이 좋은가는 사람의 기호에 맡겨 둘 뿐일지라도, 그러나 내가 걱정하는 것은 오늘날과 같은 미국식 노출광 시대에, – [65]레뷰가 유행하여서 여자의 나체가 문득 드물지도 신기하지도 않은 시대가 되었다면, '그것'의 매력은 점점 잃게 되지는 않을까. 어떤 미인이라도 알몸 이상을 더 드러낼 일은 불가능하기에, 나체에 대해서 모두가 둔감해져 버리고 만다면, 모처럼의 '그것'도 결국 사람을 도발하지 못하게 할 것이다.

_ 1931. 4

65
레뷰revue는 흥행을 목적으로
노래, 춤 등을 곁들여
풍자적으로 꾸민 연극이다.

손님을 싫어함

분명 [1]데라다 도라히코 씨의 수필로, 고양이 꼬리에 얽힌 일을 쓴 것이 있는데, 고양이에게 저런 꼬리가 있는 것은 어떤 쓰임새 때문에 마련한 것인지는 모르겠고, 전혀 쓸모없는 물건처럼 보여서, 인간의 몸에 저런 거추장스런 물건이 붙어 있지 않은 것은 잘됐다고 쓰인 것을 읽은 적이 있지만, 나는 그와 반대로 나에게도 저런 편리한 물건이 있었더라면, 하고 생각하는 일이 여러 차례. 고양이를 좋아하는 사람은 누구나 알고 있듯이, 고양이는 주인이 이름을 불렀을 때 야옹 하며 반응을 보이는 것이 내키지 않으면, 묵묵히 살짝 꼬리의 끝을 흔들어 보이는 것이다. 툇마루 같은 데에 웅크리고서 앞다리를 가지런히 구부리고, 잠든 듯 잠들지 않은 듯 그런 표정을 짓고서, 꾸벅꾸벅 햇볕을 쬐며 졸고 있을 때에 시험 삼아 이름을 불러 보면, 사람이라면, 에이 시끄러워, 사람이 모처럼 기분 좋게 꾸벅꾸벅 잠들려는 참에, 자못 싫은 듯이 선대답을 하든지, 그렇지 않으면 자는 체하는 것이지만, 고양이는 반드시 그 중간의 방법을 취해 꼬리를 가지고 대답한다. 몸의 다른 부분은 거의 움직이지 않고, – 동시에 귀를 꿈틀 움직여서 소리가 나는 쪽으로 휘두르지만, 귀를 움직이는 동작은 곧 거둔다 – 반쯤 감긴 눈을 살짝 뜨는 일조차 없이, 적요한 자세 그대로 의연히 움찔거리면서, 꼬리의 끝만을 가볍게 한두 번 살랑 흔들어 보이는 것이

---

[1]
데라다 도라히코寺田寅彦
1878-1935, 물리학자이면서
수필가이다. 과학자로서의
예리한 관찰력을 예술 세계와
결합시킨 독특한 문체를
구사해 수필계에 새로운
바람을 불어넣었다.

다. 한 번 더 부르면 또 살랑 흔든다. 집요하게 불러대면 대답이 없어지지만, 두세 차례 이 방법으로 답하는 것은 분명하다. 사람은 그 꼬리가 움직이는 것을 보고, 고양이가 아직 잠들지 않은 사실을 아는 것이지만, 경우에 따라서는 고양이 자신은 반쯤 잠들어 있고, 꼬리만이 반사적으로 움직이고 있는 것은 아닐까. 무엇이 되었든지 그 꼬리를 가지고 하는 대답의 방법으로는 일종의 미묘한 표현이 깃들어 있어서, 소리를 내는 것은 귀찮지만 묵묵히 있는 것도 너무 무정하므로, 슬쩍 이런 방법으로 인사해 두자는 듯한, 그리고 또 불러 주는 것은 고맙지만 실은 자기는 자고 있으므로 참아 주지 않으시려오, 하는 듯한, 뺀들거리는 듯하나 붙임성 있는 복잡한 기분을 그 간단한 동작으로 매우 교묘하게 나타내는 것인데, 꼬리를 가지지 않은 인간으로서는 이런 경우가 생겨도 정말 이런 요령 있는 흉내는 낼 수 없다. 고양이에게 그런 섬세한 심리작용이 있는지는 의문이지만, 저 꼬리의 운동을 보면, 왠지 그런 표현을 하고 있는 듯이 생각되는 것이다.

●

  내가 어째서 이런 말을 꺼내는가 하면, 다른 사람은 몰라도, 나는 실로 자주, 내게도 꼬리가 있었더라면 생각하고, 고양이를 부럽게 느끼는 경우에 마주치기 때문이다. 예를 들어 책상 앞에서 펜을 쥐고 있거나 사색하고 있는 사이에, 돌연 집사람이 들어와 자질구레한 일들을 하소연한다. 나에게 꼬리가 있다면야 살짝 두세 번 끝 쪽을 흔들어 놓고, 괘념 않고 집필을 계속한다든지 사색에 빠진다든지 할 것이다. 그보다 더 통절히 꼬리의 필요를 느끼는 것은 손님을 상대하게 될 때이다. 손님을 싫어하는 나는 어느 정도 뜻이 맞는 동지라든지 경애하는 친구라든지 오랜만에 만나는 경우를 빼고, 좀처럼 내 쪽에서 반가운 사람을 면접하는 일이 아닌, 대개 언제나 마지못한 만남이기에, 말할 일이 있을 때는 별도로 치고 늘어지도록 잡담하는 상대를 대하고 있자면, 십 분이나 십오 분쯤 되면 참지 못하고 싫증이 난다. 그래서 자연 이쪽은 듣는 역할을 하고 손님은 혼자서 떠드는 쪽이 되어, 내 마음은 걸핏하면 멀리 담화의 주제로부터 벗어나서 엉뚱한 쪽으로 끌려가고, 손님을 완전히 두고 떠나서 멋대로 공상을 좇아간다든지, 조금 전까지 쓰고 있던 창작의 세계로 날아간다든지 한다. 따라서 때로 "예"라거나 "음"이라거나 응답은 하고 있으면서도, 그것이 점점 건성이 되고 뚱딴지같이 되어, 사이가 너무 비게 되는 것을 면할 수 없다. 때로는 아차 싶게 예를 잃은 것에 마음이 쓰여 정신을 바짝 차려

보지만, 그 노력도 길게 이어지지 않고 얼마 지나면 곧장 또 유리되고 만다. 그런 때에 나는 마치 자신이 꼬리를 기르고 있는 것처럼 상상하고, 엉덩이가 근질거려지는 것이다. 그래서 "예"라거나 "음"이라거나 말하는 대신에, 상상의 꼬리를 흔들어 그것만으로 넘어가 버리는 적도 있다. 고양이의 꼬리와 달리 상상의 꼬리는 상대의 눈에 보이지 않는 것이 유감이지만, 그래도 내 마음에서는 그것을 흔드는 것이 흔들지 않는 것과 얼마만큼 다르다. 상대방으로서는 알지 못해도, 나로서는 이것을 흔듦으로써 응답만은 하고 있는 셈인 것이다.

●

그런데 나는 언제부터 이처럼,—고양이의 꼬리를 부러워한다든지 하는 앞의 이야기처럼,—사람과 소설을 말하는 것이 지겨워지고 손님을 싫어하게 된 것인지, 그리고 거기에는 어떤 원인이 있는 것인지, 생각해 보니 왠지 나로서도 확실히 알지 못하겠다. [2]다츠노 유타카 같은 오랜 친구는 다 아는 사실이지만, 중학교에서 고등학교, 대학 시절 무렵까지의 나는 결코 지금처럼 묵묵하지는 않았었다. 다츠노는 누구나 아는 좌담의 왕자이지만, 나도 그에게 꿀리지 않을 만큼 말 솜씨꾼

2
다츠노 유타카辰野隆 1888-
1964, 프랑스 문학자로
다니자키의 중학교 동창이다.
《잊을 수 없는 사랑》,《국어의
애정》 등의 저서가 있다.

으로, 도쿄인 특유의 유쾌한 변설을 가지고 사람을 취하게 한다든지 헷갈리게 한다든지 하는 일에 득의하였고, 경구를 내고, 해학을 노는 일도 도리어 다른 사람에 뒤떨어지지 않았다. 그것이 점점 입을 다물게 된 것은 소설을 쓰기 시작하면서부터인데, 입을 다물게 되었기 때문에 손님을 싫어하게 된 것인지, 손님을 싫어하게 되었기 때문에 입을 다물게 되었는지 따지자면, 다분히 손님이 싫어서,─바꾸어 말하면 교제가 싫어서,─쪽이 먼저였다고 생각한다. 창작을 하기 때문에 왜 교제를 싫어하게 되었는지 말하자면 여기에는 여러 가지 이유가 있지만, 니혼바시의 시다마치에서 투기업자의 아들로 자라난 나는 묘한 눈치를 갖고 있거니와, 당시 문인 예술가로 불리는 사람들이 빚어내는 촌티 나는 공기가 싫었다. 그들 가운데에도 드물게 생기발랄한 도쿄인이 없지는 않았지만, [3]와세다파의 자연주의 사람들을 비롯해 대개는 시골 사람들이 많기 때문에, 그 빚어내는 공기는 어찌해도 촌티가 났다. 나도 조금은 그 감화를 받아서 머리를 더부룩이 늘어뜨려 본다든지, 지저분한 복장을 해 본다든지 했지만, 곧 그것이 싫어져서, 이후는 애써 문인의 분위기가 보이지 않도록 몸차림을 했다. 양복을 입을 때는 반듯하게 정장 차림으로든지, 검은 상의에 줄무늬 바지든지, 그렇지 않으면 예복, 모자는 중고모를 가장 많이 썼는데, 일본 옷일 때

3
와세다무稻田파는 낭만주의를
벗어나 자연주의를 표방한
문학운동으로 와세다 대학
출신이 주로 모여
와세다파라고 불렀다.

는 ⁴유우키츠무기든지 오시마大嶋섬에서 나는 무늬 없는 ⁵하오리를 입고, 언제나 각대를 야무지게 묶은 상인 옷차림으로, 일견 상점의 도련님이라고 할 모습을 하였다. 그런 것이 ⁶오사나이 군 또래의 반감을 사, 대가인 체 군다고 하여 미움을 받은 것인데, 그렇게 되자 이쪽도 드디어 옛 친구에게서 멀어지고 말았다. 촌티 나는 것이 싫은 나는 자연 서생티 나는 것도 싫어서, 어느 정도 말하기에 족하다 생각하는 상대가 아닌 한에, 좀처럼 문학론이나 예술론 따위로 싸우는 일도 하지 않았다. 그와 함께 나에게는, 문학자는 붕당을 만들 필요가 없다, 될 수 있는 한 고립해 있는 쪽이 좋다는 신념이 있었던 것인데, 이 신념은 지금까지도 조금도 변하지 않았다. 내가 ⁷나가이 가후 씨를 경모하는 것은, 가후 씨가 고립주의로 일관했던 실행자였고, 가후 씨만큼 철저히 이 주의를 밀고 나간 이가 없기 때문이다.

●

그런 즈음 처음에, 나는 교제를 싫어하게는 될지라도 입을 다물게 되리라고는 생각하지 않았었다. 남과 접하는 기회가 적으므로, 따라서 입을 놀릴 일도 적은 것이지만, 떠든다면 얼마라도 떠들 수 있는 것이

4
유우키츠무기結城紬는 이바라키茨城현 유우키 지방에서 나는 작은 점무늬나 줄무늬가 있는 질긴 명주이다.

5
하오리羽織는 일본 전통 복장에서의 상의를 일컫는다.

6
오사나이 가오루小山內薰 1881-1928. 연출가, 극작가, 소설가로 '신극의 아버지'로 불린다.

7
나가이 가후永井荷風 1879-1959. 소설가이다. 일본 근대문학의 탐미주의의 기수로 《지옥의 꽃》,《솜씨 겨누기》 등이 있으며 다니자키를 등단시켰다.

고, 타고난 교묘한 화술, 유창 경쾌한 에도 말투는 내가 신경을 쓰기만 한다면야 때맞추어 내게 되리라 생각했었다. 사실 맨 처음에는 그랬었던 것이지만, 어떤 일도 쓰는 빈도가 적어지면 점점 기능이 떨어지게 되는 것으로, 언젠가 나는 정말로 말이 서툴러지고, 옛날처럼 떠들어야지 생각해도 떠들 수 없게 되어 버리고, 그러자 또 떠드는 일에 흥미를 가지지 않게 되고 말았다. 이리하여 63세인 오늘날에는 교제를 싫어하고 입을 다무는 버릇이 드디어 심하게 되어서, 스스로에게도 이따금 힘에 겨울 정도가 된 것이다. 입을 다문다는 점에서는 [8]요시이 이사무 쪽이 어쩌면 위인지 모르지만, 요시이는 그렇다고 해서 교제를 싫어하지는 않고, 말수는 적어도 언제나 생글생글해서 애교가 있는데, 나는 신경을 쓰지 않으면 곧바로 그것이 얼굴에 나타나, 따분하면 하품이든 뭐든 한다. 다만 술에 취하면 웬만큼 떠들고 싶어지는데, 그래도 떠들어 보면 도저히 옛날처럼 유창하게는 말이 솟아 나오지 않아서, 결국 평소보다 다소 쓸데없이 말을 많이 하게 되고, 목소리가 높아지는 정도밖에 되지 않는다. 그래서 현재의 나에게 일상생활 가운데 무엇이 가장 힘든가 하면, 방문객을 상대하는 일인 것이다. 힘들더라도 의의가 있는 일이라면 참고 견디려고 하기는 하는데, 앞서 말한 것처럼 고립주의를 신조로 삼고 있는 나는, 만나고 싶을 때에 만

---

[8]
요시이 이사무吉井勇 1886-1960. 와카 시인으로 탐미파의 기점이 된 '판노가이'를 결성하여 활동했으며, 이후 희곡과 소설을 쓰기도 했다.

나고 싶은 사람에게 이쪽이 만족할 시간 동안만 만난다면 좋고, 그 나머지 사람에게는 가능한 한 만나지 않는 쪽이 좋다, 이런 생각을 하고 있으니, 이런 남자를 방문하는 사람이 불쌍하다고 당연 말할 것이리라. 그러나 그럼에도 불구하고 방문객은 꽤나 많이 있다. 전쟁 중 시골로 피신해 있던 무렵은 잠시 그러한 불편함으로부터 달아나 있었는데, 교토에 집을 마련하고서는 하루하루 손님이 늘어만 가는 것이다.

●

게다가 나는 요즈음 노령에 이르게 되자, 한층 예전의 고립주의를 강화시켜도 좋을 이유를 가지게 되었다. 왜냐하면 웬만큼 내가 교제를 싫어한다고 해도 육십 몇 년 사이에 상당히 지인이 늘어나 있고, 젊은 시절에 비한다면 벌써 현재에도 교제의 범위가 매우 넓어져 있는 것이다. 젊은 시절에는 한 사람이라도 많은 사람을 알고, 조금이라도 넓은 세상을 볼 필요가 있을지도 모르나, 나의 경우는 이제 앞으로 몇 년을 살 수 있을지도 모르고, 대체로 살아 있는 동안에 해야겠다고 생각한 일은 거의 계획이 잡혀 있는 것이다. 그 일의 양을 생각하자면 살아 있는 동안이라도 해치우지 못할 만큼이고, 나로서는 자신의 여생을 걸고 그것을 조금씩 예정표에 따라 모조리 이루어내고 가는 것이 최우선이어서, 더 이상 사람을 안다든지 세상을 본다든지 할 필요는 거의 없다. 타인에 대해서 바라는 바는 다만 조금이라도 계획의 실행을 뒤틀리게 한다든지 참견한다든지 하지 않도록 해달라는 것이다. 나아가 이렇게 말하면 자못 공부하는 사람처럼 들리고, 촌음을 아껴서 시종 일에 열중하고 있는 듯이 들릴지도 모르지만, 실제는 그와 반대로 젊었을 때부터 남들에게 뒤떨어지는 느림보 필자였던 나는 늙으면 생기는 가지가지 생리적 장해 – 예를 들어 어깨가 굳는다든가, 눈이 피곤해진다든가, 신경통으로 팔이 아프다든가 하는 따위 – 가 몰려와서 드디어 그 습성이 고질화되고, 원고지 한 매를 쓰는 데도, 그 사이에 마당을 산책한다든지 자리를 빙빙 돈다든지 하는 간주를 넣지 않으면 근기가 이어지지 않아서, 일하는 중이라 해도 제대로 집필하는 시간은 비교적 적고, 우두커니 쉬는 쪽이 훨씬 많다. 결국 하루 가운데 여러 조건이 갖추어지고 순조롭게 설렁설렁 펜을 움직이는 시간은 겨우 얼마밖에 안 되는 것이기에, 단지 그것뿐인데 불청객이 끼어들면 피해가 크게 된다. 정말 5분이나 3분이라도 좋으니 뵙고 싶다, 라면서 오는 사람이 있지만, 그 3분이든 5분 때문에 모처럼의 감흥이 중단된다면, 다시 서재에 돌아가더라도 바로는 기름이 타고 올라오지 못하기 때문에, 30분이나 40분은 훌쩍 허공으로 사라져 버리고, 어쩌면 거기서 끊겨 쓸 수 없게 되어 버리는 때가 있으므로, 방해가 된다는 점에서는 시간의 길고 짧음은 크게 관계가 없는 것이다. 그래서 지금의 나는 가능한 한 거래의 범위를 줄이고, 적어도 그 범위를 현재 이상으로 넓히지 않도록 하고, 새로운 지인을 가급적 만들지 않으려 하고 있다. 옛날에는 교제를 싫어한다 해도 미인만은 예외로, 아름다운 사람을 소개받는다든지 찾아온다든지 하는 일은 제한하지 않았지만, 지금은 그조차도 좀체 고맙게 생각하지 않는다. 그리 말하는 것은 오늘이라도 미인이 좋다는 것에 변함은 없다 할지라도, 나이를 먹으면서는 미인에 대한 주문이 매우 성가셔져 있기 때문에, 보통 미인이라는 사람은 특히 오늘날 첨단적인 타입에 속하는 미인이라는 사람은 나에게는 조금도 미인으로 비치지 않고, 도리어 악감정을 부르는 데 지나지 않는다. 나는 나대로 몰래 가인의 표준을 까다롭게 해 놓고 있기 때문에, 거기에 부합할 만한 사람은 정말로 새벽하늘의 별 같으므로, 그런 사람이 쉽사리 출현하리라고는 생각지도 않는다. 어쩌면 나는 오늘까지 알고 지내는 몇 사람 가인과의 사이에서 이후로도 교제를 이어 간다면 만족하고, 노후의 나의 인생은 거기서 충분히 아름답고 그 이상의 자극은 바라지 않는 것이다.

●

  손님을 끊기로는 여러 가지 방법이 있지만, 가장 일반적으로 쓰이는 것은 없는 체하는 것이겠다. 말을 전하러 나가는 어린아이로서는 귀찮은 핑계를 대기보다 "지금 주인은 안 계십니다"라고 말해 버리는 것이 가장 간단하겠지만, 나는 이 방법을 쓰기가 싫어서 집안사람에게 일러, "주인은 집에 계시지만, 소개장을 가지지 않은 분이라면 만나 뵈올 수 없습니다"라는 의미를, 애써서 은근한 말을 가지고 손님에게 철저하게 시키고 있다. 그것은 무엇보다도 손님 때문에 거짓말을 내뱉는 것이 괴롭기 때문인데, - 좁은 집이라면 거짓말을 내뱉기 위해 변소에도 가지 못하고, 딸꾹질이나 재채기도 할 수 없는 것이다 - 있어도 만나지 않는 것이라 말하는 것을 확실히 언질해 놓지 않으면 두 번이든 세 번이든 찾아오도록 하는 일이 되고, 교통이 복잡하므로 손님에게도 결국 귀찮게 만들기 때문이다. 그러나 서생이라면 그렇게 하겠지만, 여자가 나가면 말하지 않아도 되는 사과를 하고, 거기에 지금은 마침 너무 바쁘셔서, 라든가 쓸데없는 문구를 덧붙여서 의미를 흐려 놓는 일이 잦다. 뭐, 화를 내도 상관 않을 테니 더욱 확실히 말하라고 해 두어도, 손님에 따라서는 화를 내며 힐문한다든지, 집요하게 물고 늘어진다든지 하는 사람이 있으므로, 여자는 어쨌든 그런 데서 딱 잘라 말하지 못한다. 그래도 나는 완강하게 응하지 않으므로, 말 전하는 이가 사이에 끼어 시종 곤란을 겪는다. 멀리 떨어진 곳에서 온 사람의 경우, 자르는 것은 차마 못 하겠지만, 역시 소개장이 없는 사람에게는 만나지 않는다고 하는 철칙을 엄중히 끝까지 버티는 것은, 평판이 나는 쪽이 결국 뒤를 위해서 좋기 때문이다. 그 가운데는 내 지인의 이름을 들먹이고, 어떤어떤 선생과는 친한 사이라 부탁드립니다, 라든가, 어떤어떤 선생이 소개장을 써 주시겠노라 하셨습니다만, 라든가 하는 사람이 있지만, 그렇다면 귀찮더라도 한 번 더 가서서 어떤어떤 이에게 소개장을 받아 오세요, 라고 하면, 그렇게 말한 사람은 그뿐, 오지 않는 것이 보통이다. 정말로 소개장을 가지고 온 사람이라면 물론 만나지만, 나의 친구들은 그것을 잘 알아주어서, 번잡스런 손님을 보내는 일 따위는 결단코 없다.

●

    도쿄는 어떤지 모르지만, 교토에 있자면 회식에 불려 가는 일이 매우 많다. 좌담회라면 모르겠는데, 그렇지 않고 다만 먹고 마시는 일에 불려 가는 일도 때때로 있다. 그런데 많은 수의 사람이 모이는 자리에 나가면, 자연 명함을 교환한다든지 해서 지인이 불어나게 되기 때문에 그것만으로도 대개 귀찮은 데다, 노인은 음식에 대해서도 미인과 마찬가지로 여러 가지 까다로운 주문이 많기에, 잘 마련한 음식도 결코 그다지 고마운 일이 아니다. 더욱이 전쟁이 터진 이래 옛날 같은 요리를 먹으려면 그 방면에 특별히 안면 있는 사람이 데려다 주고, 게다가 큰돈을 내지 않으면 안 되며, 좀체 우리 보통 사람에게는 하고자 해도 미치지 못할 사정이 있기 때문에, 부른 사람으로서는 크게 은혜를 베풀어 주는 셈으로 치고, 또 우리를 구실로 삼아 자신들이 영양을 섭취하려는 생각도 있는 것 같다. 요즈음은 전적으로 이 '영양분을 얻자'는 것을 목적으로 한, 이상한 섞음요리가 유행하는 듯하다. 지난해 도쿄에 갔을 때, 어느 변두리의 음식점에 불려 갔더니 다랑어회가 나오고, 비프스테이크가 나오고, 튀김이 나오고, 커틀릿이 나온 적이 있다. 또 어떤 시골 여관에서는 밤에 장어로 만든 냄비요리가 놀랄 만큼 많이 나오고, 다음 날은 아침부터 불고기가 나왔다. 변두리나 시골이니까 생각했더니, 교토의 시내 한가운데 여관(?) 같은 데서도 그런 요리를 먹은 적이 있었는데, 일본 요리인지 중국 요리인지 양식인지 뭔지 모를 섞음으로, 곧 우리를 평소 배급물만 먹는 인종이라 보고, 이런 기회에 흠씬 영양을 섭취해 놓으면 좋을 게다, 하는 듯한 차림에다, 요리법도 뭐도 무시한, 무릇 사람을 바보로 여기는 천박한 요리인 것이다. 나는 나이에 비해 대식가여서, 나가면 어느 정도 형편없는 음식이 아닌 한 닥치는 대로 먹어치워 버리는데, 언제나 배가 가득 차기 때문에 왠지 하찮게 여러 가지 음식을 위에 쑤셔 넣은 듯한 느낌이 들어 한심해진다. 그리고 무엇보다 화나는 것은, 그날의 우음마식 牛飮馬食이 빌미가 되어 그로부터 이삼 일 식욕이 감퇴하면, 모처럼 아내가 내가 좋아하는 것을 손수 요리해 만들어 주어, 집에서 넉넉하게 저녁을 즐기리라 생각했던 것이 허사가 되어 버리는 것이다. 노인의 몸에 영양 과다의 기름 많은 요리는 해로워서, 그런 것보다는 잘 빚은 된장 간장 등을 쓰고, 자신이 좋아하는 바에 잘 맞추어 만들어진 가정요리 쪽이 좋고, 또 실제로 요즈음에는 거리의 음식점보다는 집에서 만든 재료 쪽이 안심할 수 있기에, 튀김 따위는 자신의 집에서 섞이지 않은 식용유를 쓴 것이 아니면 무심코 먹지도 않는 것이다. 요컨대 나는 회식 자리도 내가 좋아하는 사람들만 모여서, 좋아하는 음식이 나오고, 내 일에 방해가 되지 않는 때만 출석하고 싶다는 생각이지만, 실은 그마저도 결코 그렇게 마음이 내키지는 않는 것이다.

_ 1948. 7

여행

·

분명 독일인이었다고 생각하는데, 어떤 외국인 여행가의 이야기에 일본에서 가장 서양적이지 않은 지방, 풍속·습관·건축 등에서 옛날 일본의 아름다움이 가장 많이 보존되어 있는 지방은 [1]호쿠리쿠의 어느어느 방면이라고 한다. 그리하여 그 외국인은 일본에 오면 그 지방을 여행하는 것을 즐겨 하는데, 거기가 어느 곳인지는 되도록 사람들에게 알리지 않으려 한다. 그는 저술가이면서도 결코 저서 속에 그 지역의 이름을 들지 않는다. 그것은 한순간 그 지역이 세간에 알려지면서 도시의 손님이 너도나도 밀려들고, 그 지방도 여러 가지 선전이나 설비를 해 놓은 결과, 본래의 특색이 없어져 버리고 마는 것을 걱정하기 때문이다. 음식에 정통한 사람 중에도 곧잘 이 외국인과 같은 마음을 가진 이가 있어, 맛집을 발견해도 좀처럼 친구들에게 가르쳐 주지 않는다. 매우 심술스러운 듯하지만, 그러한 집은 작은 규모로 아기자기하게 장사를 하는 편이 좋기 때문에, 번창하기 시작하면 곧 증축 따위를 해서 외관이 훌륭하게 되는 대신에, 재료의 질을 떨어뜨리든지 요리를 대충하든지 서비스가 아무렇게 되든지 한다. 그러니까 누구에게도 알려 주지 않고, 몰래 자신만 먹으러 가는 것이 어디까지나 즐거운 일이고, 그 집을 망치는 일도 없다. 사실 나도 여행에 관한 한 앞서 말한 외국인의 마음을 따르고 있는 한 사람으로, 마음에 들었던

1
호쿠리쿠北陸는 일본의
중부지방인 지금의
후쿠이福井, 도야마富山,
이시카와石川, 니이가타新潟
4현을 일컫는다.

지역이나 여관 등은, 친한 친구라도 큰맘 먹고 들러 보게 하는 경우 외에는 좀처럼 사람들에게 말을 퍼뜨리지 않고, 글 따위에 쓰는 것은 금하고 있다. 이것은 진실로 모순된 이야기로, 간혹 묵게 된 여관에서 머물 동안에 대단히 기분 좋게 있었다든지, 대접도 친절하고 숙박료도 저렴했다든지 하면서, 그에 비해 번창한 모양도 아니고 세간에 알려져 있지 않는 것을 보면, 예의상 크게 선전하고 싶어지는 것이 인정이려니와, 나처럼 글 쓰는 일을 업으로 하는 자가 고의로 그것을 감추고 있는 것이라면 모처럼 정성 들인 보람도 없어져 버려, 호의를 원수로 갚는 듯한 일이기 때문에 내심 무척 미안하게 생각한 때도 있지만, 그래도 나는 이 방침을 굽히지 않고 있는 것이다.

●

　일례를 들자면, 간사이 지방의 어느 현에 어떤 마을이 있다. 그곳은 옛날부터 반딧마을이지만, 가 보면 반딧불 따위는 한 마리도 날고 있지 않다. 너무 말이 달라서, 마을 사람이나 여관의 여주인 등을 붙잡고 물으면, 아직 일주일 정도 너무 빠르다던가, 10일 정도 후라던가, 반달 정도라던가, 여러 가지 말을 한다. 그렇지만 사실 이미 반디의 계절이니까, 이제 와서 날지 않을 리는 없을 것인데, 실상을 말하자면 이제 그 마을에는 반딧불이 없어진 것이었다. 그 지역 노인의 말로는, 옛날에는 명소였기 때문에 틀림없이 많이 있었는데, 최근 여행객이 늘어 여관 등이 다투어 큰 건물을 짓고 마을이 번창함에 따라 해마다 적어졌다. 왜냐하면 반디는 왁자지껄한 장소를 싫어한다. 특히 전등불을 무엇보다도 싫어하는데, 얄밉게 여관이 줄지어 있는 주변은 특히 전등이 많다. 현관이나 복도 등은 물론, 뜨락에서 냇가, 부근의 산 기슭까지 무수히 길게 이어지고 있다. 마치 반딧불을 쫓아내기 위해 설치한 듯이, 이런 밝은 데서는 아무리 날아오고 싶어도 올 수 없고, 또 왔다고 해 봤자 빛을 모두 빼앗겨 버려서 사람의 눈에 보일 리도 없다. 참으로 분별 없는 일이지만, 지역 사람들로 보면 되도록 많은 여행객을 흡수하기 위해 선전하고, 선전하면 번창하니까 따라서 여관의 수가 늘고, 늘면 서로 경쟁이 되어 행인의 눈을 끌려고 번쩍번쩍하게 전등을 켤 수밖에 없다. 이렇게 해서 애석하게 명소가 유명무실해 지고 만다. 그래서 우스운 일로는, 광고에 혹해서 온 손님의 비난을 면하기 위해, 다른 데서 잡아온 반딧불을 겨우 체면 차릴 만큼 뜰에 놓아두는 것이다. 그리고 또 시가滋賀현에 속한 M이라는 곳도 겐지반딧불이라고 하는, 가루가 많은 반딧불의 산지로 이름이 높아, 이곳에서도 요

몇 해 사이 상당히 선전하고 있다. 나는 가 본 적은 없지만, 이 지방은 매년 궁내성에 반딧불을 헌상할 정도로, 확실히 많이 있는 것만은 사실인 듯한데도, 대신 잡는 것이 금지되어 있고 어기면 벌금형에 처해진다고 하니, 결국 반딧불 사냥을 즐길 수 없다는 점에서는 전자와 하등 다를 바 없는 것이다.

●

2 세토나이카이의 히로시마廣島현인가 에히메愛媛현인가에 속하는 지역에 어떤 섬이 있다. 거기에 가려면 추코쿠中國나 시코쿠四國의 항에서 작은 증기선을 타는데, 벳푸別府 행 같은 큰 배는 들르지 않으니까 교토와 오사카 사람들은 좀처럼 가지 않는다. 여관이 두세 채 있기는 하지만 모두 소규모로, 아래층 가게에서는 잡화나 식료품 등을 판다든지 운송업을 본업으로 하고 있는 형편이어서, 숙박료도 터무니없이 싸다. 세토나이카이를 좋아하는 나는 어떤 때 어떤 일로 우연히 그 섬에 들르게 되어, 다음 배를 기다리는 동안 어느 여관에서 휴식을 취한 적이 있었는데, 두 사람을 데리고 아침 7시부터 오후 4시까지 2층의 한 방을 점령하고, 그 사이에 점심을 먹고는 기어이 목욕탕을 열어

2
세토나이카이瀬戶內海는 일본
혼슈本州 서부, 규슈, 시코쿠에
에워싸인 내해이다.

달라했는데, 가격이 겨우 2엔, 한 명당 1엔밖에 들지 않는 것이다. 그렇다 해도 결코 방이 불결하다거나, 음식 맛이 나쁘다거나 하지는 않다. 섬이니까 생선은 어쨌든 신선하다. 게다가 시코쿠는 어묵이 맛있는 곳으로, 어디를 가도 어묵만 먹으도 괜찮으며, 섬에서는 [3]이요에서 나는 특산물을 팔고 있다. 나는 목욕탕에서 나온 후에 잠깐 낮잠을 잤는데, 이불이 깔끔했던 것에 감탄했다. 대개 여관의 이불은 외관만 비단이나 명주를 쓰고, 안에는 오래된 솜으로 채워져 있다. 그러니까 보기에는 깨끗한 대신 덮으면 무거운 것이 보통이다. 그런데 그 여관의 이불은 반대로 밖이 목면이고 안의 솜은 새것이었다. 겨울이었기 때문에 두 장을 덮고 잤는데, 이놈은 필시 무거울 거라 생각하고 덮어 보니 그게 아니어서, 처음으로 솜의 훌륭한 면을 알게 되었다. 만사가 그런 방식인 것이 마음에 들어서, 이 섬에 해수욕이 가능한 곳이 있느냐고, 있으면 가족 동반으로 와 보고 싶다고 했더니, 예, 매년 고베의 서양인 부부가 아이들을 데리고 와요, 언제나 이 2층을 전부 빌려서 10일 정도 머물지요, 한다. 차차 들으니, 이곳에서 한 구역 정도의 해 안에 그다지 시설은 구비되어 있지 않아도, 실로 이상적인 해수욕장이 있다고 한다. 2층은 복도의 좌우로 한 칸씩 방이 있을 뿐이기에, 전부 빌린다 해도 뻔히 알 만한 일이지만, 머무른다면 하루에 한 명

---

[3]
이요伊豫는 지금의
에히메현으로 시코쿠 북쪽에
위치하며 양식업이
발달하였다.

이 2엔으로 묵을 수 있다고 한다. 거기에 나는 그 고베의 서양인이 역시 앞서 말한 독일인과 같은 이유로, 누구에게도 알리지 않고 자신들만 이 섬에 피서 온 모습을 가만히 상상했다. 오늘날 유명한 해수욕장 가운데 물이 깨끗하다 할 곳은 거의 없다. 원래는 깨끗한 바다였지만, 많은 사람들이 헤엄치기 때문에 더럽게 탁해져 버린 것인데, 이 섬의 바닷물은 바닥이 보일 만큼 깨끗하다고 하니까, 그것만으로도 기분이 좋겠다는 생각이 든다. 또 고베에서 오더라도 전혀 기차를 탈 필요가 없는 것이 여름에는 무척 고마운 일인데, 게다가 그 뱃삯이 기찻삯과 비교하면 터무니없이 싼 것이다. 그리고 해변은 한가하고 고요하기 때문에 옷을 벗어 두어도 훔쳐 갈 염려가 없고, 맨몸을 보일 걱정도 없다. 더욱이 바다에 들어가는 것 외에 어떤 오락도 없다면 지루하겠지만, 아시다시피 여름의 세토나이카이는 연못처럼 평온하기에 뱃놀이를 자유롭게 할 수 있고, 작은 증기선을 타고 부근의 섬들이나 시코쿠, 추코쿠의 항구에 들르는 즐거움도 있다. 아울러 그 고베의 서양인은 멋진 피서지를 발견하고 남몰래 향락하였던 것이니, 운젠雲仙이라든지 아오시마靑島라든지 가루이자와라든지로, 무심코 나갔다가 비싼 숙박료를 내는 것보다는 훨씬 머리가 좋은 것이다.

●

　요즘 나는 전차나 기차의 소음이 완전히 들리지 않는 장소에 가서, 최소한 하루만이라도 푹 잔다든지 생각한다든지 해 보고 싶다는 욕구를 가끔 느낀다. 그리고 그 때문에 여행에 대한 욕심이 생기지만, 그런 조건에 들어맞는 장소가 점차 없어져 가는 것 같다. 시험 삼아 지도를 펴 봐도 알다시피, 좁고 가늘고 긴 국토에 종횡으로 철도망이 여기저기 부설되고, 그것이 해마다 혈관의 끝이 가늘게 여러 개로 갈라져 있는 것처럼 구석구석까지 펼쳐져 있어서, 얼마 안 되는 땅도 남지 않은 상태이고 보면 기적 소리가 들리지 않는 산간유곡의 범위가 차례로 줄어들고 있기만 하다. 게다가 철도성, 관광국 같은 선전기관이 빈틈없이 손님을 유인하기 때문에, 명소라고 하는 명소가 모두 그 지방의 특색을 잃고, 도시의 연장이 되어 간다. 나는 등산을 좋아하지 않기 때문에 [4]일본 알프스가 우거진 모양을 본 적은 없지만, 원래 산이 좋다고 말하는 것은 인간세계를 초월한 웅대한 느낌, 인간에 의해 오염되지 않은 맑은 공기를 호흡하는 점에 있지는 않을까? 옛날 사람이 변화하는 만물에 합치한다 하고, 천지의 유구함을 깨닫는다고 하고, 신선합일의 경지에 노닌다고 한 것이 등산의 맛은 아닐까? 만약 그렇다면, 오늘의 [5]신에츠 지방 같이 선전이 되어 버리면 산악으로서

4
일본 알프스는 혼슈 중앙부를 차지하는 히다飛 산맥, 기소木曾산맥, 아카이시赤石 산맥을 아울러서 부르는 이름이다.

5
신에츠信越는 지금의 나가노長野, 니이가타新潟현 지방으로 1871년 국가기관과 행정기관이 들어서면서 정치·경제·문화의 중심지가 되었다.

의의를 잃은 것이다. 옛날 [6]고지마 우스이 씨 등이 처음 그 지방 설계 雪溪의 아름다움을 말한 시기에는, 후지富士산은 누구라도 가는 속악한 산이라 여겼기 때문에 신에츠 지방의 개척이 이루어졌던 것이지만, 지금에는 그 지방 쪽이 후지산 이상으로 속악한 것일지도 모른다. 오두막집이라고 하면 될 것을 휘테라 한다든지, 도쿄시 안에나 있을 법한 '무슨무슨 장' 따위의 여관이 생긴다든지 하는 것부터 생각해도, 인간세계를 초월하는 것이 아니라, 가장 인간내가 나는 장소, 시골이면서 도시 문화의 첨단을 걷는 지방 꼴이 된 것 같다. 그런 까닭으로 정말로 산의 영기에 닿으려고 하는 사람들, 옛날 큰 산의 행자 같은, 경건한 마음을 갖고 산에 오르기를 바라는 사람들은, 되도록 세간에 알려지지 않은 산악지대를 물색하는 것 외에는 방법이 없지만, 그렇게 하기 위해서는 어떻게 하느냐면, 먼저 지도를 펼쳐 봐서 철도 그물 망이 비교적 성긴 부분에 눈을 두고, 그 범위 안에 있는 산이나 골짜기를 찾아본다. 물론 그런 곳에 있는 산은 명산도 아니기에, 봉우리의 높이에서나 골짜기의 깊이에서, 전망의 웅대함 풍광의 수려함에서, 알프스 지방의 산맥들에는 미치지 못할 것이지만, 산은 높아서 귀한 것이 아니라 인간내나 도시내가 없는 것을 귀하게 여기면, 그런 일반적인 산과 계곡 쪽이 오히려 산 같은 멋이 있고, 속세의 먼지투성이인

---

[6]
고지마 우스이小島烏水
1873-1948, 등산가이며
기행작가이다.

마음이나 정신을 씻어 줄지 모른다. 어쨌거나 이런 일은 산의 경우에 그치지 않기에, 예를 들면 앞에 말한 반딧불의 명소, 벚꽃이나 매화의 명소, 온천, 해수욕장 등, 모든 천하에 잘 알려져 있는 일류의 지역은 모두 다소나마 망쳐져 있다 체념하고, 이류 삼류의 장소를 찾아다니는 편이 훨씬 여행이나 유람의 목적에 맞는 것이다.

●

그런 까닭으로, 절절히 쓸쓸한 여행의 맛을 즐기는 사람에게, 선전 기관의 발달은 오히려 방해가 되는 것이지만, 때에 따라서는 이것이 유익하여 편리하기도 하다. 그렇게 말하는 것은 대체 요즘은 바다보다도 산 쪽이 유행해서, 옛날에는 더워도 바다, 추워도 바다, 마음의 병이 있어도 바다에만 갔었는데, 요즘에는 여름은 등산, 겨울은 스키, 폐병환자도 자외광선이라고 해서 아무튼 산이 인기가 있다. 나 따위는 곧 눈과 코가 [7]고시엔 야구장의 스탠드조차 본 적이 없을 정도로 스포츠라는 것에는 아주 사정이 어둡지만, 겨울이 되면 각지의 스키장 적설량이 날마다 노선의 각 역에 붙어 나오고, 라디오에도 방송되는 모양을 보면 어째서 그런 것에 그런 큰 소란을 칠 값어치가 있

7
고시엔甲子園은 오사카에 있는
야구장이다. 매년 여름
전국고등학교야구선수권대회
가 열리는데, 이를 고시엔
대회라고도 한다.

는 것인지 의심하지 않을 수 없는 것이다. 그러나 그런 식으로 방송국이나 철도성까지 힘주어 선전하기 때문에, 겨울 휴가 때 어디로 갈까 망설이고 있는 사람들이 모두 눈 쌓인 산 쪽으로 발길을 옮긴다. 곧 한 계절의 선전은 어수선한 손님을 하나로 정리해서 한 지역에 쓸어 모아주는 움직임이다. 안내인도 와케 릿지로和氣律次郎 군의 이야기에, 근래 기슈紀州의 8시라하마가 대대적인 선전을 하기 시작한 결과, 벳푸가 완전히 쇠퇴해 버려 한가하다고 하는 것이었지만, 원래 우리들은 새 물건을 좋아하는, 일시적 상태에 휩쓸리기 쉬운 국민이니까, 어떤 한 군데 장소가 징이나 북으로 챙챙 요란하게 연주하면 우르르 그곳으로 한데 모여서, 다른 지방은 모두 텅 비어 버린다. 그래서 요령을 익혀, 선전의 뒷면을 더듬으려 하는, 한편으로 사람이 모이는 틈에 그 반대 방면으로 가는, 그런 식으로 마음을 먹으면 재미있는 여행을 하게 된다. 어디라고 분명히 지적하는 것은 취지에 반하는 것이기에 말하지 않겠지만, 대체로 세토나이카이의 연안이나 섬들은, 그런 의미에서 허술히 내버려 두고 있는 지방이 아닐까. 겨울에 그 주변에 가 보면 실로 포근하여 따뜻하다. 한신阪神지방도 따뜻하지만 그 주변은 더 한층 따뜻해서, 1월 말에는 일찍 드문드문 매화가 피기 시작하고, 쑥을 캐서 개떡을 만든다든지 하고 있다. 그런데도 추위를 피하는 손님

8
시라하마白濱와 벳푸는
아리마有馬와 함께 일본에서
손꼽히는 3대 온천지로 서로
라이벌 관계에 있다.

들은 시라하마나 벳푸나 9아타미로 몰리기 때문에, 어느 곳의 여관도 조용하고 한가로워 실로 유유한 것이다. 나는 꽃구경을 좋아해서, 봄에는 뭐니 해도 화려하게 꽃이 한창인 경치를 보지 않으면 봄의 기분을 충분히 느끼지 못하는데, 이때도 역시 지금의 요령으로 간다. 빈틈없는 철도성에서는 매년 산들의 눈이 녹아서 스키를 탈 수 없게 된 때부터 서서히 꽃 선전을 시작해, 4월 중은 꽃구경 열차를 내보내는 것은 물론, 다음 일요일에는 어디가 볼 만한 곳인지, 어디가 곧 만개할 정도로 피었는지 일일이 게시를 해 주고 있으므로, 조용한 꽃구경을 하고 싶은 사람은 그런 장소를 피해서 들르면 좋을 것이다. 어쨌든 꽃을 보는 사람으로서는 명소의 꽃에 한정하는 것은 아니어서, 보기 좋게 핀 오직 한 그루의 벚꽃이 있으면, 그 나무 그늘에 휘장을 펴고 찬합 도시락을 열면, 마음 어딘가가 즐거울 수 있기 때문이다. 그리고 그런 마음가짐이 되면 기차나 전차에 폐를 끼치지 않고도, 예를 들어 내가 살고 있는 이 쇼지무라精道村 뒷산 주변의, 누구도 눈치 채지 못한 골짜기나 둔덕 같은 데서, 오히려 훌륭한 꽃과 장소를 찾은 적이 있기 때문이다.

9
아타미熱海는 시즈오카현에
위치한 온천 휴양지로
유명하다.

●

 그리고 또 이것만은 오사카 지방의 여러분에게 몰래 알려 주고 싶은 것이 있는데, 나는 사실 복사꽃이 피는 시기에, 간사이선 기차를 타고 봄의 야마토^{大和} 길을 바라보는 것을 즐거움의 하나로 꼽고 있다. 잘 아시는 대로, 그 방면을 달리는 전차는 꽃구경 즈음에 어떤 선도 초만원으로, 무리한 사람을 수용하고 무리한 속도를 내는 탓인지 매번 연착 사태를 일으키지만, 그런 때 시험 삼아 미나토마치^{湊町}를 나와 지난 해 산사태가 있었던 어떤 마을의 터널을 통해, 가시와라^{柏原}, 오지^{王寺}, 호류지^{法隆寺}, 야마토고이즈미^{大和小泉}, 고리야마^{郡山} 등의 작은 역을 지나 나라로 가는 기차에 타 보시라. [10]다이키로 45분 만에 가는 곳을 이 선의 보통열차로는 1시간 12~3분 정도 걸리지만, 급행을 타서는 의미가 없으므로, 정녕 하나하나 멈추며 가는 기차가 좋다. 타 봐서 먼저 놀라는 것은, 전차 쪽이 그리 혼잡한데도, 기차는 거의 텅 빈 채로 한 칸에 셀 수 있을 정도밖에 타고 있지 않다. 삼등칸이라도 대개 그렇지만 이등칸에 타면 틀림없다. 그런데 그 느긋한 좌석에 발을 뻗고, 쿵쾅 멈춰서는 또 쿵쾅 움직이기 시작하는 길디긴 차가 흔들리면서, 안개에 흐려 보이는 야마토 평야의 숲이나, 언덕, 전원, 촌락, 당탑^{堂塔}과 같은 무릉도원 풍의 경치를 창밖으로 맞이하자면, 어느

---

[10] 다이키^{大軌}는 오사카전기궤도주식회사 大阪電氣軌道株式會社의 줄임말로, 오사카와 나라 사이를 운행한다. 지금의 긴테츠나라^{近鐵奈良} 선이다.

새인가 완전히 시간이라고 하는 것을 잊어버린다. 언제 나라에 도착하나, 지금 어디쯤 달리고 있는 것일까, 다음은 어느 역일까, 등등의 생각은 조금도 마음에 걸리지 않고, 차는 영구히 쿵쾅거리며 멈추고 쿵쾅거리며 움직이기를 반복하여, 창밖에는 끝없이 뿌연 평야가 이어지면서, 해 저물 무렵이 오지 않을 것 같은 느낌이 든다. 나는 특히 봄비가 내리는 날의 오후에 이 기차에 타는 것을 좋아하는데, 그런 때는 몸이 나른해져 곧 꾸벅꾸벅 잠이 와서 졸고 있노라면, 때때로 쿵 하고 움직이기 시작하는 박자에 눈이 떠지고, 그러면 창문 유리가 수증기로 흐려져, 평야 밖으로는 고양이털 같은 가느다란 빗줄기가 안개보다도 따뜻하게 몽롱히 피어올라 먼 곳의 탑이나 숲을 감싸고 있는, 그리하여 나라에 닿을 때까지 한 시간 남짓이 무한히 한가롭게 느껴진다. 만약 시간 여유가 있다면 사쿠라이櫻井선을 우회해서, 다카다高田, 우네비畝傍, 가구야마香久山의 주변을 통해, 사쿠라이, 미와三輪, 단보丹波시, 이치노모토欅本, 오비토케帶解 등의 여러 역들을 거쳐 나라로 나가보라. 야마토 둘러보기 따위로 조급한 마음에 여기저기를 보고 걷는 것보다도, 결국 이 기차 안에서의 몇 시간, 게다가 무한의 유구를 느끼는 몇 시간의 기분이 제일이고, 실로 천금과도 바꿀 수 없는 맛이 있다는 사실을 깨닫게 되리라. 그러나 정말 조금의 시간과 차비를 아까워해서,

사람들이 전차로만 쇄도하는 것이 나로서는 이상하게 여겨지는 것이다. '좀더 빠르게'가 시대의 유행이 되어 있으므로, 모르는 사이에 일반 민중이 시간에 대해서 인내력을 잃어, 가만히 한 가지 세상사에 마음을 진정시켜 몰두하는 것이 불가능하게 된 것일까? 그러면 그런 안정을 되찾는 것도 하나의 정신 수양이라고 생각하고, 한번 그 기차에 타 보는 것을 권하고 싶다.

•

나는 도쿄에서 오사카로 돌아갈 때, 가끔 밤 11시 20분에 도쿄역을 발차하는 37호 열차를 이용한다. 이건 급행이 아니고 2등 침대차를 연결한 유일한 오사카행 열차이나, 지금까지 나는 출발 직전에서야 침대를 신청하지만 전부 팔린 예가 없었다. 아랫단을 사는 것이라 해도, 봄 휴가나 연말의 어떤 혼잡한 때에도 반드시 살 수 있다. 평일에는 타려는 시각에도 자리가 있는 것 같다. [11]도카이도선의 침대차로 이렇게 텅텅 빈 것은 이 열차에서만 볼 수 있는 광경인데, 어떤 이유인가 했더니 급행이 아니기 때문이다. 이 열차는 앞서 말한 시각에 도쿄를 출발해서 다음 날 오전 11시 45분에 오사카에 닿기 때문에, 소요

11
도카이도東海道 선은 도쿄와
오사카 사이를 운행하는
기차이다.

시간이 12시간 하고 25분, 보통급행과 견주어서 한 시간 남짓 더 걸리지 않는다. 실제로 그 열차의 바로 전에 떠나는 7호 열차, 시모노세키下關행 급행열차는 오후 11시에 도쿄를 떠나서 오사카 도착이 다음 날 오전 10시 34분, 곧 11시간 34분을 쓰고 있어서 큰 차이는 없다 할지라도, 이쪽은 상당히 붐빈다. 이것은, 하나는 급행이라는 이름에 속고 있는 것이고, 급행 이외에 침대차를 붙인 열차가 있는 것을 모르는 탓이지만, 역시 정차역이 많아서 쿵쾅 멈췄다 가는 것을 조급해하는 것이 가장 큰 이유이리라. 더욱이 타고 나서 바로 침대에라도 기어들어 가면, 이튿날 아침 7, 8시경까지는 아무것도 모르는 터이고, 교토에서부터는 정차하지 않기에, 조급한 것은 오부大府 주변부터 교토까지의 시간인 3시간 반 정도로, 그 사이에 급행열차보다 여섯 군데만 더 멈추는 데 지나지 않는다. 요즈음처럼 세상살이가 힘든 사람이 그만큼 참기 싫어서 급행권을 산다는 것은 바보 같은 이야기일지라도, 그러나 그런 성급함 덕분에 저 기차가 비어 있다고 생각하면 그냥 웃을 수만은 없다. 다만 보통열차에서는 멈추기도 하고 다시 움직이기도 할 때마다 눈이 떠져 잠들 수 없다는 항의도 있기 때문에, 그런 사람에게는 이 기차를 추천할 수 없다. 그렇지만 또 반대로, 침대차같이 동요하지 않으면 잠잘 수 없는 버릇이 생겨 버려, 자기 집의 침대 아래에는 모터를 달았다는 극단적인 사람도 있는 것이다. 나는 그 정도는 아니지만, 원래 매우 잠을 잘 자는 체질이기에 기차에서도 참 잘 잔다. 상행의 밤길에서는 언제나 하코네箱根의 산을 모르고, 어쩌다 보면 요코하마까지 자 버려서 사환이 두세 번 깨우지 않으면 깨지 못한 적도 있고, 실제로 작년 말 이래 세 번이나 상경하면서 다음 날 [12]츠바메로 오사카에 돌아갈 때까지 단나丹那 터널을 본 적이 없다. 그런 상태이기 때문에 나로서는 그 37호 열차가 정말로 잘 맞는 것이고, 유유히 잘 수 있을 뿐 아니라, 다음 날 아침 눈을 뜬 후부터 또 대단히 상태가 좋다. 나는 대개 오전 8시경, 나고야名古屋 쯤에서 일어나는데, 그런 덜컹거리는 열차의 2층 침대에 새롭게 타는 손님은 거의 없다. 게다가 침대차이니 옆이 긴 자리를 완전히 혼자서 점령해서 허리와 다리를 쭉 뻗고, 잠이 부족하면 한 번 더 다시 잘 수 있다. 게다가 이 부근 — 오가키大垣, 세키가하라關原, 가시와라, 사메가이醒井 주변에서 마이하라米原를 나와 비와琵琶호 연안에서 오츠大津에 이르는 풍광은, 몇 차례나 봐 익숙해 있으면서 언제 봐도 지겹지 않다. 대체 이것은 나 한 사람의 감상일지 모르지만, 도카이도를 타고 내려가면서 기차의 창문으로 보이는 바로는, 나고야까지는 집의 건축 방식이나 자연의 풍물에 도쿄의 정취가 나지만, 나고야를 지나면 그것이 완전히 없어져서, 확

12
츠바메燕는 고급 열차의
이름이다.

실히 간사이의 세력권 안에 들어간 것을 느낀다. 그래서 침대차 안에서 하룻밤 푹 숙면한 후에, 확 눈을 뜨면 벌써 창밖은 완전히 간사이의 경치가 되어 있어, 그 아침의 기분을 뭐라 할 수 없다. 내가 도쿄에 나가는 건 어차피 별 대단한 용무가 아닌 탓이겠지만, 머물면서 일어나는 분주한, 먼지 같은 생활의 연쇄가 이것으로 딱 잘려 나간다. 나는 침실이 치워지고 나서 언제나 한 번 더 자려고 생각하지만, 세키가하라 주변의 감나무가 많은 촌락의 풍경이나, 농가의 흰 벽 등이 보이기 시작하면, 곧 그쪽에 넋을 잃어 자는 일도 잊고 만다. 아니, 사실을 말하면, 그리운 오사카의 신문을 며칠 만에 읽을 생각에, 나고야 역에서 사환을 시켜 사두었건만, 그것조차 읽는 일을 내버려 두고 창틀에 딱 붙어 있는 것이다. 기차는 오가키를 떠나 사메가이까지 통과해서, 마이하라에서 멈추고, 히코네彦根에서 멈추고, 노토가와能登川에서 멈추고, 오우미하치만近江八幡에서 멈추고, 오츠에서 멈춘다. 그러나 나는 결코 조급하지도 않고 지루하지도 않다. 츠바메 따위라면 이 주변을 대단한 속도로 달리고 말아 애석한 기분이 들지만, 이 기차라면 세키가하라를 지날 때도 천천히 달려, 히코네 성의 망루를 비롯해서, 아츠치安土, 사와佐和산 주변의 지세를 보는 것도 기쁘다. 아이를 데리고 타도 좀처럼 이 정도 느리지 않으면 길 양쪽에 있는 사적을 설명하기에 곤란하다. 그래서 나는 생각하길, 단시간에 가능한 멀리 달리는 스피드 여행에 거슬러서, 좁은 범위를 가능한 길게 걸려서 보고 돌아오는 여행 방식을 좀 장려해 보면 어떨까. 그런 식으로 걷다가, 지금까지 아무렇지도 않게 지나친 곳에서 의외의 흥미를 찾아낸 적이 있다. 온통 걷기만 하자는 뜻은 아니지만, 가까운 곳을 귀찮다 해서 자동차로 달리는 버릇이 가장 나쁘다. 그러면 여행의 정취라고 하는 것이 모두 없어지고, 어디를 지나도 아무것도 인상에 남지 않는다.

●

 더불어 기차를 타면서 매번 불유쾌하게 느끼는 것은 손님의 공중도덕심의 결핍이다. 이것은 여러 사람이 주의를 시키고 제창도 하고 있다. 특히 〈오사카아사히신문〉의 '덴세이진고'란은 가장 여러 차례 경고를 주는 듯하지만, 정말로, 오사카 사람은 이 점에서 도쿄 사람보다도 훨씬 엉망이다. 나는 요즘 어떤 일이든 오사카 쪽을 편들어 주었지만, 이것만은 도쿄 사람에게 뒤진다. 실제로 오사카 사람 자신 이 지방을 여행하는 중에 기차든지 어디서건 오사카 사람을 만나면 싫은 기분이 든다고 한다. 왜냐하면 가족 동반으로 이등실에 진을 치고서,

넓은 자리를 안하무인으로 점령한다든지, 행동거지가 나쁜 모습으로 먹고 마신다든지, 조심성 없는 목소리로 떠든다든지, 밀감 껍질이나 도시락의 잔해를 여기저기에 흩어 놓는다든지, 알지도 못하는 사람에게 말을 건다든지, 그런 식의 예의 없는 짓을 하는 종족이 있다면 그것은 반드시 오사카 사람이다. 다른 지역 사람은 모르지만, 오사카 사람끼리라면 곧 알 수 있다. 꽃구경할 때의 다이키 전차나 [13]교한 전차에서 눈에 띄는 난폭하고 낭자한 행동을 다른 지방에 가서까지 아무렇지 않게 하고 있는데, 제 고장의 교외전차에서는 모두 하니까 어쩔 수 없지만, 여행지에서 그러는 걸 보면 오사카 사람의 결점이 노골적으로 눈에 띄어, 동향인이면서도 미운 마음이 치솟는다고 한다. 그러나 도쿄 사람이라 한들 오사카 사람을 비웃을 자격이 있는 것은 아니다. 틀림없이 우리 공중도덕심의 결핍은 멀리 봉건시대의 생활양식에서부터 배태되어서 유래한 바가 오래기도 하고, 또 우리나라의 미풍양속과 결합되어 있는 일면도 있으니까, 크게 마음 써 주면 당연한 사정이기도 하고, 아울러 완전히 교정하는 것은 쉽지 않겠지만, 그렇다고 해도 기차 안의 모습을 보면, 아시아의 맹주라던가 삼대 강국의 하나라던가 이르는 일등 국민이 도무지 될 수 없다. 삼등실보다 이등실 쪽이 한층 심하다고 하는 말도 있는데, 적어도 교양을 갖추어야 할 인

13
교한京阪 전차는 교토와
오사카 사이를 운행하는
전차이다.

사가 일반 대중과 같이 무례한 행동을 한다고 하면, 타인에게 주는 불쾌함은 또 전혀 다른 이야기이다. 예를 들어, 실로 작은 일이지만, 식당으로 들어가거나 변소에 가는 경우에, 통로의 문을 제대로 닫고 가는 사람이 없다. 겨울같이 아주 작은 틈만 있어도 추운 공기가 솔솔 들어오고, 더구나 변소의 옆에 있으면 냄새가 스며 나올 것은 뻔한데, 뒤에서 꽝 하고 닫는다든지, 뒤도 돌아보지 않고 가 버리기 때문에 대개 한두 치는 열려 있으므로, 누군가가 다시 한 번 닫지 않으면 안 된다. 출입구 근처에 자리를 차지한 사람에게는 재난이어서, 몇 번이나 이 역할을 하게 된다. 나만 번거로워 울화가 치미는 것이지만, 방치하면 결국 내가 추운 바람이나 냄새를 가장 먼저 뒤집어쓰게 되므로 어쨌든 손을 내밀고 만다. 누구든지 이런 분한 꼴을 당할 터이면서, 내가 통행할 때는 무심코 타인에게 폐를 끼친다. 가장 화가 나는 것은, 식당차에서 돌아오면서 입에 문 이쑤시개인지 뭔지를 물고 줄줄이 이어서 지나가는 경우, 가장 나중 사람이 닫아야 하는데, 아직 올 사람이 있는 것처럼 열어 둔 채 가 버린다. 그밖에 기차의 변소는 쓸 때마다 제대로 물을 흘려보내는 설비가 되어 있고, 주의하라는 글이 씌어 있지만, 그것을 실행하고 있는 사람은 백 명에 한 명도 안 될 것이다. 아니, 그렇기는커녕, 세면대에서 얼굴을 씻고 나서 더러운 물을 흘려

보내지 않는다. 반드시 뒤에 오는 사람이 앞 사람이 쓴 물을 흘려보내지 않으면 안 된다. 이것들은 변소에서 엉덩이를 닦지 않은 것과 같아서, 공중도덕 따위를 어렵게 말할 것까지도 없이 상식으로 생각하면 알 일인데, 아무도 의심 않고 부끄러워하지 않는 것은 실로 이상한 문명국민이라 말할 수밖에 없다. 물론 일본인의 이 나쁜 습관이 기차 안에서만 한정된 것은 아니지만, 그러나 기차가 가장 심해, 다른 장소라면 예의를 지킬 사람까지 갑자기 평소의 소양을 잊어버리는 것은 거듭거듭 이상 천만이다.

●

겨울 여행을 하면서 곤란한 것은 기차, 증기선, 호텔, 여관, 전차, 자동차 등에서, 난방설비가 있는 것도 있고 없는 것도 있고, 또 그 온도가 가지각색이기 때문에 감기에 걸리기 쉽다는 점이다. 연약한 부인들이나 아이들을 데리고 있을 때는 그래서 특히 걱정이다. 마찬가지로 빌딩의 냉방장치라도 피해를 입는 일이 있기 때문에, 그런 편리가 낳은 불편한 현상은 도시의 일상생활에서 자주 일어나는 것이지만, 더구나 여행 중에는 하루 동안에 매우 빈번하게 온도의 변화를 겪고, 또 그 변화가 모두 불시에 닥쳐온다는 것이다. 그래서 생각나는 것은, 어느 해 겨울, 밤 12시 다카하마^{高濱}에서 벳푸 항로의 배에 탔더니, 한둘 비어 있는 선실의 가운데 "여기가 가장 따뜻합니다"라고 사환이 안내해 준 방이, 스팀을 한껏 틀어 놓아 너무 뜨거워져 있는 것이었다. 그래도 자 버리면 그만이라고 생각해 가능한 한 옷을 얇게 입고 침대에 들어갔는데도, 시간이 갈수록 바짝바짝 더워져서 마치 증기탕에 들어간 것 같았다. 어쩔 수 없이 속옷류를 모두 벗어 맨살에 유카타 한 장을 입고 담요를 남김 없이 걷어 버렸는데, 그래도 땀이 솟아난다. 덕분에 나는 하룻밤을 몸을 뒤척거리며 몸부림을 계속했다. 대체 배의 객실은 좁기도 하고, 통풍도 나쁘고, 화기가 가까운 곳에 있기 때문에, 히터가 없어도 꽤 버틸 수 있을 터인데, 그걸 그렇게 뜨겁게 해서 손님을 우대할 셈이었다니, 상식을 의심할 수밖에 없다. 그런가 하면 이것은 500톤에도 못 미치는 작은 증기선이니까 객실은 붙어 있지 않았지만, 어느 때 세토나이카이의 섬에서 섬으로 건너려고 어떤 한 배를 타고 일반석의 큰 방에 들어가 보았더니, 훅 숨이 막혀 토할 것 같은 기분이 들게 덥고, 뚝뚝 땀방울이 떨어진다. 그래서 돌아올 때는 또 한 번 더 삶아질 각오를 하고 있자니, 이번 배는 승객이 적고 연료를 절약하려 해서 그런지, 큰 방에 꺼져가는 숯단이 들어있는 화로

가 하나밖에 놓여 있지 않다. 게다가 이 방은 삼면이 창으로 이루어져 있기 때문에, 틈으로 새는 바람이 정말 지독히 춥다. 이런 바람에 덥다든지 춥다든지 너무 차이가 난다면 웬만큼 준비한 사람이라도 감기에 걸려 버리지만, 대체로 너무 추운 것보다도 너무 덥기 때문에 곤란한 경우가 많다. 기차에서도 도카이도선의 급행을 타면 너무 온도를 덥게 한다. 밤은 그렇지 않지만, 낮에 날씨가 좋은 때는 창문을 뚫고 들어오는 태양의 열만으로도 충분하고, 또 그만큼 사람들로부터 나오는 체온도 있으니 좀더 조절하는 방법은 없는 것일까? 나는 더위를 타는 체질이어서 다른 사람보다 배로 그것을 느끼는 것이지만, 오늘날 대다수 일본인이 난방설비가 없는 가옥에 살고 있다는 것을 생각해 주었으면 좋겠다. 나는 그 열을 생각하면 겨울에는 낮 기차로 도카이도를 왕복할 생각이 들지 않는다. 그중에서도 나고야부터 시즈오카, 누마츠 사이까지는 오후의 일광이 세게 비춰 들어오는 데다, 바로 가장 지루한 시간에 해당되므로, 완전히 열에 삶아지고, 신문 잡지를 읽을 기력도, 바깥 풍경을 바라볼 흥미도 없이 오직 졸음만 몰려온다. 그것은 춘풍태양 같은 기분 좋은 잠이 아니라, 눈을 떠 보면 몸 전체가 기름땀으로 끈적거려서, 마디마디가 아프고 입 안이 퍼석퍼석하게 말라, 오히려 피로를 느낄 듯한 종류의 잠이다. 그래서 목구멍이 아프기도 하고, 두통을 느끼기도 하고, 멀미를 하기도 하는 사람이 꽤 적지 않다. 그런데 서양인은 바보스럽게 더운 실내에서 사무를 본다든지 담소를 한다든지 하고 있어 매번 놀라게 되지만, 사실대로라면 일본의 철도성은, 일본인보다도 서양인에 영합하려고 한 메이지 시대의 식민지 근성이 아직 잔존해 있는 것은 아닐까?

●

  젊었을 때에는 서양식 호텔도 나쁘지 않았지만, 나이를 먹으니 여러 가지 점에서 일본 여관이 그리워진다. 나 같은 사람도 한동안 호텔이 없는 지방에는 여행을 하지 않았을 정도였지만, 지금은 그 반대로, 다소의 불편을 참더라도 일본풍을 고르게 되었다. 아니, 그 불편을 참는 것에 알 수 없는 여정을 느끼는 것이기 때문에, 너무 지나치게 빈틈없는, 지나치게 도시풍으로 다듬어진 대우도 오히려 뭐지 싶어지는 것이다. 그래서 나는 낯선 지방에 가서 묵을 때는, 사람에게 묻는다든지 안내서를 읽는다든지 해서, 여관의 이름을 두세 개 조사해 두고, 먼저 그 집들 앞을 한번 쭉 그냥 지나가 본다. 역에서 자동차로 갈 때에도 결코 목적 장소에 멈추지 못하게 하고서, 두세 채의 여관 앞을 달리게 하고, 건물의 짜임새를 보고 난 다음에 결정한다. 저녁, 목적지에 도착해서, 어떤 여관이 나를 기다리고 있을까 생각하면서, 옅은 향수와 호기심과 피로와 공복을 느껴가며, 여기저기 등불이 걸려 있는 시골 동네를 어슬렁어슬렁 헤매고 돌아다니는 기분, – 아직 어떤 곳에 묵을지도 결정하지 않고, 어느 네거리를 사색에 잠겨 천천히 거닐며, 다리 위에 서 있기도 한 그때의 기분, – 청년 시절에 방랑생활을 한 나는 그런 감상적인 저녁에 지금도 동경을 갖고 있어서, 그것이 나를 여행으로 이끄는 하나의 매혹이기도 한데, 이제 그런 경우에 어떤 짜임새를 한 숙소에 가장 발길이 향하는지 말한다면, 너무 현대적인 것보다도 얼마쯤 시대에 뒤처진 것, 한마디로 말하면, '여관'이 아닌 '여인숙'이라는 운치 있는 곳에 훨씬 마음이 끌리는 것이다. 그런데도 요즘은 지방에서 오랜 격식을 자랑하는 일류 숙박업소가 점차 여인숙에서 여관으로 바뀌어 가는 중이다. 그들은 모두 선조대부터 이어받은 옛날대로의 건물 짜임새는 그대로 놔두고, 떨어진 곳에 '별관'이라 부르는 것을 지었지만, 그것은 나의 기호에는 맞지 않는다. 역시 처마가 깊고, 정면의 폭이 긴 건물이 길에 바로 접하고 있어서, 봉당에 들어가면 상인방의 정면에 폭이 넓은 계단이 있고, 2층 난간에서는 마을 사람의 통행을 내려다볼 수 있는 식의 – 그것도 되도록 당당한 짜임새의 것이 좋지만, 때에 따라서는 영락하여 초라해진 쓸쓸한 역, 정거장 앞 등에 있는 여인숙도 잠깐 하룻밤 정도라면 묵어 보고 싶은 것이다. 그리고 객실의 나무손잡이 따위도 새것보다는 검게 윤이 나는 쪽이 어쩐지 차분히 안정되어, 그 마을의 역사나 전설을 상기시키는 실마리가 된다. 더욱 그런 여관이라면, 어쨌든 설비가 구식이니까, 여러 가지 부자유스러움에 견딜 각오가 필요한 것은 말할 나위도 없다. 먼저 난방 따위는 없다고 단념한다. 아무리 추운 날이라도 [14]고다츠든지 [15]이로리든지 [16]유탄포 이상의 것은 바랄 수 없다. 변소도 수세식 따위는 말할 나위 없다. 음식이라면 저녁과 아침 두 끼에 갖가지 구색은 갖추어졌지만, 맛없는 것이 보통이어서 교토 사투리로 이른 바 [17]'모미나이' 한 음식이라 생각하지 않으면 안 된다. 다만 세월이 묻은 도코노마의 장식 기둥이나, 서재나 툇마루의 창틀을 꾸미는 방법이나, 난간이나 난간의 조각이나, 화초의 이끼나 등잔이나 나무를 많이 심은 곳이나, 모든 것에 대범한 느낌을 주는 다다미방에서 받는 기분 좋은 대접인 것이다. 그리고 그런 여관이라야, 겉모습에는 신경 쓰지 않지만, 도코노마를 꾸미는 일에는 정성을 다해, 족자나 꽃꽂이에 남모르게 마음을 쓰기도 한다. 이전 내가 자주 갔던 [18]산인의 어떤 도회지 여관에서는, 요사이 그 마을에 생긴 신식 여관에 눌려 버려 번창하지 못하는

14
고다츠炬燵는 실내 난방장치의 하나로 나무틀에 화로를 넣고 그 위에 이불이나 포대기를 씌운 것이다.

15
이로리囲爐裏는 농가 등에서 방바닥의 일부를 네모나게 잘라 내고 그곳에 재를 깔아 난방용, 취사용으로 불을 피우는 화로 같은 장치이다.

16
유탄포湯婆는 더운물을 넣어 잠자리 등을 따뜻하게 하는 난방기구이다.

17
모미나이는 '맛없다'의 교토 사투리이다.

18
산인山陰은 추코쿠 지방의 동해에 닿은 지방이다.

듯하지만, 먼저 전보를 치고 가면 도코노마의 꽃을 바꾸어 꽂아 놓는다. 그것은 던져 놓은 것 같은 조잡한 것이 아니라, 멋진 금속제 꽃병에, 정성스레 가지를 정리하여 천지인天地人이 자리 잡은 독특한 양식이었다. 그래서 여종업원에게 물어보니, 주인이 [19]미쇼류를 잘 익혀서 스스로 꽃꽂이를 한다고 하는 것이어서, 자못 유행에서 떨어진 시골 여관주인의 소일거리로 적당하기도 하고, 아무것도 없었지만 그 단정한 꽃 덕분에 손님 대접이 정중하고 예의 있게 느껴지는 것이다. 그리고 탁자라든지 옷걸이라든지 재떨이라든지 화로라든지, 지금 만들어진 소품이 아닌, 견실하고 튼튼한 물건을 쓰고 있는 것도 그런 집에는 많은 것 같다. 그렇다 해도 요즘 도쿄 근방의 요릿집처럼, 그들 물건의 골동품적 가치를 자랑하려는 느낌이 드는 것도 아닌 데다, 선조대부터 사용해 온 물건이어서 지금의 취향에는 맞지 않을지라도, 아직 쓸 수 있으니까 아쉬운 대로 쓰고 있을 뿐이다. 그 대신 그런 여관에서는 나갔다 돌아왔을 때에 방문객이 있었다는 사실을 알려 주지 않는다든지, 용무를 부탁해도 수고가 많이 든다든지, 아침 일찍부터 반지문을 열어 버린다든지, 여러 가지 무례한 경우를 만나므로, 그저 인내력을 키우기 위해서라, 느긋한 마음을 갖는 연습을 하기 위해서라 이해하고 묵지 않으면 안 된다. 나는 되도록 겨울에는 그런 여관에 가지

---

[19]
미쇼류未生流는 꽃꽂이의 한
유파. 오사카를 근거로 하며
야마무라 산세키山村山碩
1761-1824를 시조로 한다.

않으려 하는데, 크게 추위를 타는 것이 아니면서도, 뭐든 참겠다고 생각해서 묵고 있는 동안에 결국 감기에 걸리는 경우가 많기 때문이다.

●

  일본 여관에 묵으며 한심하게 생각하는 일 가운데 한 가지는, 다다미방을 드나드는 여종업원이 장지문을 열어 두는 것이다. 이것은 앞서 말한 기차 문의 경우와 같이 일본인의 나쁜 버릇으로, 일상 일반의 가정에서도 자주 볼 수 있는 일이지만, 그러나 여관은 모르는 사람들끼리 방을 접하고 있으므로 좀더 이런 일에 신경이 예민하면 좋겠건만, 맨 안쪽까지 들어와서 손님에게 말할 때, 복도와의 경계의 장지문을 닫는 여종업원은 좀처럼 없다. 그것은 그런대로 괜찮지만, 나와서 갈 때도 대개 열어 놓는다. 상이나 술병을 몇 번이고 나를 때에는 그때마다 열고 닫기가 귀찮을 것이지만, 그렇다고 해서 부엌까지 갔다 오는 동안 열어 두라는 법은 없다. 무엇보다도 맨 처음 칸에는 의류나 휴대품이 놓여 있는데, 복도에서 보면 어수선할 뿐만 아니라, 겨울에는 이 때문에 한층 춥게 느껴지기 때문에 정말이지 화가 나는 것이다. 원래 스토브가 없는 방이기 때문에 좀처럼 따뜻해지기 어려운데, 탄

불을 붙인다든지 고다츠를 받아 넣는다든지 해서 괴로워도 견디고 있자면, 여종업원이 들어온 덕분에 한 번 또 몸서리를 친다. 그것도 그럴 터, 복도에서 맨 안쪽 다다미방을 지날 때까지 두 개의 장지문을 하나도 닫지 않고 오는 것이다. 겨울에 여관에서 묵으면 거의 십중팔구 이런 괴로운 체험을 겪게 되는데, 그 정도 일은 왜 평소에 교육하지 않는 것인지, 나는 언제나 이상하게 생각한다. 그리고 또 하나 이상하게 여기는 것은, 기차 노선의 환승시간이라든지 유람하는 순서라든지, 기타 지역의 안내에 대해 질문을 해도 바로바로 대답해 주는 여종업원이 한 사람도 없고, 무엇을 물어봐도, "저로서는 모르니 지배인에게 물어보고 오겠습니다"라고 한다. 과연 틀린 답을 하는 것보다는 물어보는 것이 나은 면이 있지만, 이쪽은 별로 어려운 것을 물은 것이 아니라, 어디까지는 몇 리 정도인지, 자동차라면 몇 분 걸리고 요금은 얼마 정도인지, 그 지방에서 자라고 소학교를 나온 사람이면 누구라도 알 수 있을 법한 것을, 식사 준비로 앉아 있을 때 외에는 말도 하지 않기 때문에 물어보는 것이지만, 결코 술술 대답해 주는 예가 없다. "글쎄요"라고, 입속에서 뭔가 애매한 말을 하고, 아래를 쳐다보면서 빙긋빙긋 웃는다. 이런 경우, 가령 목욕탕의 도우미라도, 상대가 남자라면 좀더 정보를 얻을 수 있겠지만, 여자는 원래 지리나 역사에 흥미가 적어, 자기가 태어난 지방에 대해서도 특별히 교육을 시키지 않는 한 좀 더 알려고 하지 않는 것 같다. 게다가 한 가지 더, 여관의 종업원은 의외로 타 지역 사람이 많고 그 지역 사람이 적다는 증거인 것 같다. 그렇지만 무엇보다 교육이 보급되어 있는 오늘날, 그런 간단한 질문에 대답할 수 없다고 하는 것 자체가 무례하기 때문에, 이것은 반드시 여관주인이든 지배인이든 신경 써서 그 지방에 대해서 대강 상식을 갖도록 하는, 그러면 말로만 가르쳐서는 안 되기 때문에 때로는 소풍 같은 모임을 가져서, 먼저 그녀들에게 부근의 명소 고적을 보여 주고, 위로를 겸한 현장교육을 실시하여야 한다. 적어도 서비스업자인 이상에는 그 정도 준비는 되어 있어야만 하지 않을까.

●

　호텔 경영자의 말에, 서양인은 조그만 실수가 있어도 잠자코 있지 않고 마음에 들지 않는 점이 있으면 바로 질책을 하지만, 일본인은 그 반대로 대개의 경우는 참는, 그러니까 오히려 다루기 어렵다고 한다. 분명코 여행을 가능한 한 쾌적한 것으로, – 자신의 집에 있는 것과 조금도 다르지 않도록, 안락하고 마음 편하게 만드는 것이 현대적 사고 방식이라 한다면, 여관 측은 열심히 그런 주문에 맞도록 설비를 해야 하는 것이 당연할지라도, 우리로서는 귀여운 아이는 여행을 시키라고 한 그런 옛 생각을 버릴 것만은 아니라고 생각한다. 그리하여 여행을 떠난 것을 기회로, 맛있는 음식이라든지 늦잠이라든지 운동 부족 이라든지, 그 밖의 나쁜 습관을 교정하는, 적어도 여행하는 기간만이라도 사치를 하지 않도록 해서, 곤란한 경우를 견디는 습관을 키워야 한다. 나는 직업상 기분 전환이나 환경 변화를 찾아서, 때때로 스스로를 일상생활의 연쇄로부터 잘라 버릴 필요가 있기 때문에, 그런 목적으로 여행을 떠날 때는 가끔 옷차림이나 이름을 바꿔서, 기차나 증기선을 삼등칸으로 한다든지 싼 여관에 묵는다든지 하는 적이 있다. 실제 나 같은 직업을 가진 사람은 시골에 가면 선전도구로 쓰인다든지 신문기자나 문학청년에게 호기심 어린 눈으로 보인다든지 할 두려움이 있어서, 그 정도로 조심하지 않으면 고독한 여행을 할 수 없는 것이다. 게다가 이름이나 차림새를 바꿔, 완전히 다른 사람이 되어 넓은 세상에 나와 본다고 하는 것은 그것만으로 하나의 흥밋거리이다. 원래 나는 쑥스러움을 잘 타는 탓인지, 소설가라 하는 것이 알려져 선생 취급을 받기라도 하면, 왠지 쑥스러워져서 긴장하고 몸이 굳어 버리는 버릇이 있다. 아울러 이름을 바꿔 떠나면 가는 곳마다 자유롭게 사람들과 이야기를 할 수 있고, 생각지 않던 길동무를 만나기도 한다. 그런 의미에서 나는 배의 삼등칸에 타는 것을 매우 좋아한다. 서양행 같은 긴 항해라면 모를까, 기슈나 세토나이카이의 배 여행에 일등칸에 타게 되는 날에는 선장이나 사무장 등이 인사하기도 하고, 같은 칸의 손님과 명함을 교환하기도 하는 것만으로도 귀찮은 일이지만, 삼등칸 안에 섞여 들어가 큰 방에 드러누워 있으면, 누구도 상관하지 않기 때문에 실로 편히 지낸다. 그런 때, 나는 나의 주변에 있는 시골의 할아버지 할머니나, 휴가를 받아 고향에 돌아가는 것 같은 젊은 아가씨 등의 세상 이야기에도 귀를 기울여, 마음이 기울면 나아가 이야기 상대마저 되는데, 오사카나 한신 연안선에는 시코쿠 주변에서 여종업원으로 취업하러 오는 이가 많아, 벳푸 지나서 삼등칸에 타면 자주 그런 처녀의 한 무리와 함께하게 된다. 그렇지만, 생각해 보면, 때때로 그런 삼등칸 여행을 시험 삼아 다른 세계를 보는 일은 굳이 소설가만이 아니라, 정치인에게도 실업가에게도 종교인에게도 크게 필요하지는 않을까?

_ 1935. 7

뒷간

·

뒷간 하면 가장 잊혀지지 않는 인상을 받고, 지금도 때때로 생각나는 것은, 야마토의 가미이치上市 거리에서 어떤 우동집에 들어갔던 때의 일이다. 갑자기 대변이 마려워 안내를 부탁하자, 데리고 간 곳은 집 안의 요시노가와吉野川 강가 모래밭에 마주한 변소였는데, 저런 물가의 집이라는 것은 흔히 안으로 들어가면 1층이 2층으로 되고, 아래에 한 층 더 있어 지하실이 나타난다. 그 우동집도 그런 식으로 만들어져 있었으므로, 변소가 있는 곳은 2층이었는데, 가랑이 사이로 아래를 살펴보니 눈이 빙빙 돌듯 먼 아래쪽으로 모래밭의 흙이나 풀이 보이고, 밭에 채소의 꽃이 피어 있는 것이나 나비가 날고 있는 것이나 사람이 다니고 있는 것이 훤히 보인다. 곧 그 변소만이 2층에서 모래밭의 낭떠러지 위로 뻗어 나와 있어서, 내가 밟고 있는 나무때기 아래에는 공기 이외에 아무것도 없는 것이다. 내 항문에서 배설된 고형물은 몇 십 척의 허공을 낙하해서, 나비의 날개나 통행인의 머리를 스치면서 분뇨통으로 떨어진다. 그 떨어지는 광경이 위에서 뚜렷이 보일지라도, 개구리가 날아서 처박히는 물소리도 들려오지 않는가 하면, 냄새마저 올라오지 않는다. 무엇보다 분뇨통 그 자체가 그런 높이에서 내려다 보면 문득 불결한 물건으로 보이지 않는다. 비행기의 변소가 이런 상태가 아닐까 생각했지만, 똥이 떨어지는 사이를 나비가 훨훨 춤추고 있다든지 아래에 진짜 채소밭이 있어, 이처럼 멋부린 뒷간이 또 어디에 있으랴. 다만 이 경우에 뒷간에 들어간 사람은 좋지만, 재난을 당하는 것은 지나다니는 사람들이다. 넓은 모래밭의 경우이므로 집 안쪽으로 밭이 있다든지 화단이 있다든지 빨래 말리는 곳이 있어서, 자연 그 주변을 어슬렁거릴 터인데, 시종 머리 위를 신경 쓰는 것이 아니므로, '이 위에 변소 있음'이라고 말뚝이라도 세워 두지 않았다면, 이에 무심코 바로 아래를 지나는 일도 있으리라. 그렇다면 어느 때에 모란떡 세례를 받지 않으리라 보장할 수 없는 것이다.

●

도시의 변소는 청결하다는 점에서는 말할 나위 없을지라도 이렇다 할 풍류미가 없다. 시골은 땅이 넉넉하고 주위에 수목이 우거져 있어서, 본채와 뒷간을 따로 나누어 놓고 그 사이를 건너는 복도로 이어져 있는 것이 보통이다. 기슈 시모사토下里의 [1]겐센도우는 건평은 작지만, 정원은 삼천 평가량 된다고 들었다. 내가 갔던 때는 여름이었는데, 뜰로 길게 이어지는 복도가 뻗어 있고, 그 끝에 있는 뒷간이 빽빽하게 푸른 잎의 그늘로 싸여 있었다. 이게 뭐야 싶은 냄새 따위는 곧 사방

---

[1] 겐센도우懸泉堂는 사토 하루오의 고향 집을 부르는 말이다. 사토는 다니자키의 절친한 친구이자 연적이기도 하다.

의 시원한 공기 속으로 발산시켜 버리기 때문에, 마치 정자에서 쉬고 있는 듯한 마음이 들어, 불결한 느낌이 들지 않는 것이다. 요컨대 뒷간은 될 수 있는 대로 땅에 가깝고 자연과 친근함이 깊은 장소에 두는 것이 좋을 것 같다. 숲속에, 푸른 하늘을 우러러보며 야분野糞을 누는 것과 거의 다르지 않을 정도의, 조박粗朴한, 원시적인 것일수록 기분 좋은 곳이 된다.

•

벌써 이십 년 가까운 옛날의 일이지만, [2]나가노 소후 화백이 나고야에 여행을 하고 돌아와서 하는 말에, 나고야라는 도시는 꽤 문화가 앞서 나아가 있고 시민의 생활 정도도 오사카나 교토에 뒤지지 않거니와, 자신은 그것을 무엇에서 느꼈냐 하면, 곳곳의 집에 불려 갔을 때 뒷간의 냄새를 맡고 그렇게 생각했다는 것이다. 화백의 말에 따르면, 아무리 청소를 잘해 놓은 변소라도 반드시 어렴풋이 담담한 냄새가 난다. 그것은 냄새를 막는 약 냄새와 분뇨의 냄새와, 정원의 잡초나 흙이나 이끼 같은 냄새가 혼합된 것인데, 게다가 그 냄새가 집집마다 조금씩 달라서, 고급스런 집에서는 고급스런 냄새가 난다. 그러므로 변

2
나가노 소후長野草風 1885-1949, 일본화가로 주로 일본미술전람회에서 활동했다. 〈독수리〉 등의 작품이 일본 근대미술관에 소장되어 있다.

소 냄새를 맡으면 대략 그 집에 사는 사람들의 수준을 알고, 어떤 생활을 하고 있는지 상상할 수 있는데, 나고야의 상류 가정의 뒷간은 대개 웅숭깊은 우아한 냄새가 난다고 한다. 과연 그렇게 놓고 보면, 변소의 냄새에는 일종의 그리운 옛 생각이 더불어 따라오는 것이다. 예를 들어 오랫동안 고향을 떠나 있던 사람이 몇 년 만에 자기 집으로 돌아온 경우, 무엇보다도 변소에 들어가 옛날 코에 익은 냄새를 맡았을 때에, 어릴 때의 기억이 번갈아 되살아 와서 정말로 "우리집에 돌아왔구나" 하는 친근함이 솟는다. 또 자주 가는 음식집, 다방 등에 대해서도 같은 말을 할 수 있다. 평소에는 잊고 있을지라도, 가끔 밖에 나가서 그 집의 뒷간에 들어가 보면, 거기서 지나간 환락의 추억이 여러 가지 떠오르고, 옛날의 흠씬 놀던 기분이나 화류의 정조가 슬며시 몰려오는 것이다. 게다가 이렇게 말하면 가소롭겠지만, 변소의 냄새에는 신경을 진정시키는 효용이 있는 것이 아닐까 생각한다. 변소가 명상에 적당한 장소라는 말은 모두 잘 알고 있는 대로인데, 요즘의 수세식 변소라면 어쩐지 그렇게 생각될 성싶지 않다. 이렇게 말하는 것은, 다른 데에도 이런저런 원인이 있음에 틀림없지만, 수세식이라면 청결 일방이 되어 버리고 말아서, 소후 씨가 말하는 고급한 냄새 우아한 냄새가 나지 않는 것이 크게 관계되어 있을 것 같다.

●

 ³시가 군이 고 아쿠타가와 류노스케에게서 들었다고 해서 이야기가 된 말에, ⁴예운림 뒷간의 고사가 있다. 예운림이라는 사람은 중국인으로는 드물게 결벽가였다고 보이는데, 나방의 날개를 잔뜩 모아서 단지 속에 넣어, 그것을 뒷간의 판 아래 두고 그 위에 똥을 누었다. 곧 모래 대신에 날개를 깐 화장지 같은 것이라 생각한다면 틀림없지만, 나방의 날개라고 한다면 매우 가벼운 흔들거리는 물질이기에, 떨어진 모란떡을 잽싸게 속으로 파묻어 버려서 보이지 않도록 하는 장치인 것이다. 틀림없이 뒷간의 설비로서 예로부터 이 정도 사치스런 물건은 있지 않았다. 분뇨통이라는 물건을 그렇게 아름답게 만들고, 그렇게 위생적으로 연구를 했던 바, 상상하자면 더러운 느낌이 솟아오르는 것인데, 이 나방 날개 화장지만은 생각만 해도 아름답다. 위로부터 똥이 똑 떨어진다. 확 연기처럼 무수한 나방이 춤추며 오른다, 그것이 각각 바싹 건조한다, 금빛 차 색깔의 광택을 품었다, 대단히 엷은 운모雲母 같은 단편의 집합인 것이다. 그래서 무엇이 떨어진 것인지 모르는 가운데 그 고형물은 그 단편의 퇴적 속으로 삼켜져 버린다. 차례차례 끝까지 상상을 마음껏 해보지만 조금도 더러운 느낌이 들지 않는다. 게다가 한 가지 더 놀라운 것은 그만한 날개를 수집하는 수고이다. 시골

3
시가 나오야志賀直哉 1883-1971, 소설가로 개인적인 사실과 예리한 대상 파악, 엄격한 문체로 독자적인 사실주의를 형성했다.

4
예운림倪雲林은 원나라 말 명나라 초의 산수화가로 살림이 넉넉하여 풍류적인 은둔생활을 즐겼다.

이라면 여름밤에는 얼마든지 날아오겠지만, 지금 말한 것 같은 목적으로 사용하는 데에는 충분히 많은 날개가 필요한 것이다. 그리고 아마도 족히 쓰이게 매번 한꺼번에 새로운 것과 바꾸지 않으면 안 된다. 그렇다면 많은 일꾼을 써서 여름 동안 몇 천 마리, 몇 만 마리 나방을 잡아, 일 년 동안의 사용량을 저장이라도 해 둔 것이리라. 그렇다면 무척이나 사치스런 이야기로, 옛날의 중국 정도가 아니었더라면 실행할 수도 없었을 일이다.

•

예운림이 특히 고심했던 것은 자신이 눈 것을 절대로 자신의 눈에 거슬리지 않도록 하였다는 데에 있었던 것 같다. 물론 보통 뒷간이라 할지라도, 좋아서 보겠다고 하지 않는다면 보지 않고 지나갈 터이지만, '무서운 것 보기'가 아니라 '더러운 것 보기'라고나 할까, 보이는 곳에 있는 이상은 뭐지 하는 순간에 볼 수 있는, 그러므로 역시 보이지 않도록 설비하는 것보다 나은 일은 없는데, 가장 간단한 방법은 판 아래를 캄캄하게 하는 것이라 생각한다. 그것은 아무것도 아닌 일인데, 빨아들이는 입구의 뚜껑을 빈틈없이 비껴나지 않도록 해 놓는다면 그만큼으로도 꽤 광선이 막아지지만, 요즈음은 그런 주의를 게을리하는 집이 많다. 나아가 그 이상으로 판과 분뇨통의 거리를 멀리해서, 위로부터의 광선이 다다르지 않도록 하는 것이다.

●

　양변기의 경우에는 스스로 자신이 떨어뜨린 물건을 싫어해도 확실히 보게 된다. 특히 서양식 좌변기가 아니고 쪼그려 앉게 한 일본식이라면, 물을 흘리기까지는 바로 엉덩이 아래에 똬리를 틀고 있는 것이다. 이것은 소화가 되지 않는 것을 먹었을 때 용이하게 발견할 수 있는데, 건강을 목적으로 삼켰을지라도, 생각해 보면 실례될 이야기이나, 적어도 운빈화안雲鬢花顔의 동양적 미인 같으면 이런 변소에 들어가서 누고 싶지 않을 것이다. 지체 높은 부인 같은 이들은 자신의 항문에서 나온 것이 어떤 모양을 하고 있는지 모르는 쪽이 낫고, 거짓으로라도 모르는 척하고 싶어 한다. 여기서 우선 내가 좋아하는 변소를 만든다면, 역시 수세식을 피하고 옛날식으로 하는데, 될 수 있다면 분뇨통을 변소의 위치로부터 떨어진 곳, 예를 들어 마당 뒤편의 화단이나 밭 같은 곳의 어떤 쪽으로 가지고 간다. 곧 변소의 판 아래부터 거기까지 다소 비탈지게 해서, 토관이든 뭔가로 오물을 보내도록 하는 것이다. 이렇게 하면 판 아래는 빛이 들어올 구멍이 없기 때문에 깜깜하게 된다. 명상적인 우아한 냄새는 담담해질지 모르지만, 불유쾌한 악취는 절대로 나지 않는다. 또 변소 아래에서 퍼 올리는 것이 아니기 때문에, 다 찼을 때에 황황히 밖으로 달아나는 따위의 추태를 연출할 걱정도 없다. 야채나 꽃 등을 기르는 집에서는 이러한 통을 따로 하는 쪽이 비료를 얻기에도 편리하다. 확실히 [5]다이쇼 시대의 변소라는 것이 이 식이었는지 생각하지만, 땅을 넉넉히 쓸 수 있는 교외라면, 수세식보다 이쪽을 권하고 싶은 것이다.

●

학교에서, "변소에 가고 싶다"라는 말을 영어로는, "I want to wash my hand"라고 배웠는데, 실제는 어떨까? 나는 서양에 가 본 적이 없지만, 중국 톈진天津에서 영국인 호텔에 묵었을 때, 식당의 보이에게 "Where is toilet room?"이라고 작은 소리로 물었더니, "W·C?"라고 큰 소리로 되물어 와서 당황했다. 그것보다 더 곤란했던 것은, 항저우杭州의 중국인 호텔에서 아연 설사가 나서, "변소는?" 했더니, 곧바로

---

[5]
다이쇼大正 시대는 천왕의
즉위에 따른 원호의 하나로
1912-1926년을 가리키며,
다니자키가 살았던
시대이기도 하다.

보이가 안내해 준 것은 좋았는데, 얄밉게 거기에는 소변을 누는 곳밖에 없는 것이다. 나는 아뿔싸 당혹했다. 왜냐하면 '대변 보는 곳'이라는 영어를 배우지 않았기 때문이다. 그래서 "다른 한 가지는"이라고 말해 보았지만, 보이는 알아듣지 못하는 것이었다. 다른 일이라면 손짓으로라도 설명할 수 있겠지만, 이놈은 흉내를 낼 용기도 없고, 그 가운데 점점 마려 오지, 어지간히 곤란했던 경험이 있어서, 이런 경우에 쓸 영어를 알아 두자 생각했는데 실은 이제까지 알지 못하는 것이다.

●

사용 중인 뒷간을 잘못 열어서, "아, 누가 들어 있다"고 외친 적이 있다, 이 경우의 '누가 들어 있다'를 영어로 어떻게 말하는지 알고 있습니까, – 라는 질문을 오래전에 어떤 자리에서 [6]지카마츠 슈코 씨가 내놓은 적이 있다. 다분히 슈코 씨는 호텔인지 어디 변소에서 서양인이 쓴 말을 들었던 것 같다. 그런 경우에는 "Someone in"이라 하지, – 라고, 그때 슈코 씨가 가르쳐 주었는데, 이래 바야흐로 이십여 년에 이르렀지만, 아직 이 영어는 실제로 응용할 기회가 없다.

6
지카마츠 슈코近松秋江
1876-1944, 소설가, 평론가.
사소설《헤어진 처에게 보내는
편지》로 유명하다.

●

하마모토 高濱本浩 군이 가이조 출판사의 사원으로 교토에 출장 갔을때, 어느 날 7오카모토의 내 집을 찾아왔다가 돌아가면서, 우메다梅田에서 교토로 가는 기차 안에서 변소에 들어갔는데, 문을 세게 닫는 순간에 쥐었던 쇠고리가 떨어져 버려 이제 여는 것이 불가능하게 되었다. 소리를 질러도 두드려도 운행 중인 기차 안에서는 들릴 리가 없었다. 어쩔 수 없어서 당분간 밖으로 나가지 못하리라 각오하고, 떨어진 쇠고리를 주워서 그 머리로 콕콕 문을 두드렸다. 그러자 승객 가운데 누군가가 알아차리고 차장에게 알려준 것인지, 교토에 이르기 전에 나올 수 있었다고 말했다. 나는 이 이야기를 듣고 나서, 기차의 변소에 들어갈 때에는 문을 열고 닫을 때 난폭하게 하지 않도록 특히 마음을 쓰게 되는 것이었다. 보통열차였다면 가장 가까운 역에 멈추었을 때 창을 열어 도움을 구하는 방법도 있겠지만, 급행 야간열차에서 이런 재난을 만난다면, 몇 시간 선 채로 오도 가도 못하게 될지 알 수 없기 때문이다.

_ 1935. 8

7
오카모토岡本는 오사카와 고베 사이에 있는 효고兵庫현에 위치한 곳으로 다니자키가 39세에 이사한 곳이다.

옮긴이의 글

일본과 일본적인 것의 근거
_ 다니자키 준이치로 산문선 《그늘에 대하여》에 부쳐

고운기

1

  우리나라 사람은 대체로 다니자키 준이치로에 대해 어떻게 생각하고 있을까? 가장 즐겨보는 네이버의 지식검색에는 다음과 같이 설명되어 있다.

  당시 유행하던 자연주의 테두리를 벗어나서 풍려豊麗한 공상, 현란한 문체로 여체를 찬미하고 성의 신비를 응시하여 변태성욕의 세계까지를 파헤친 작풍으로 탐미주의耽美主義·예술지상주의·악마주의 의 천재적 신인으로 지목되었다.

여체, 변태, 탐미, 악마와 같은 자극적인 용어. 신인 시절에 한정된 설명이지만, 이것이 우리에게 심어진 다니자키에 대한 인상이 아닐까 한다. 그러나 늘 그의 뒤에 따라다니는 이러한 인상은 그렇게 일반적이면서, 다른 한편 일면적이다. 물론 그것이 일본 근대문학 초기의 자연주의의 세례를 받으면서 그가 걸어가고자 했던 길이었음을 부인하기 어렵다. 다만 여기까지의 설명만으로 그의 전부를 말해서는 안 된다는 것이다. 그나마 네이버에는 다음과 같은 설명이 이어진다.

  후반기에는 고전적인 경향이 강해져서 《장님 이야기》1931 《춘금초春琴抄》1933 등의 원숙한 작품을 발표하였다. 제2차 세계대전 중에는 고전인 《겐지 모노가타리》의 현대어역을 하였고, 전후 《세설細雪》1948로 아사히문화상을 수상하였다. 그 밖의 대표작으로는 《치인痴人

의 사랑》,《이단자의 슬픔》 등이 있다.

고전에의 경도傾倒. 여기서 언급된 '다니자키의 겐지 모노가타리'는 여러 현대어역 가운데서도 발군이어서, 일본에서는 아예 '다니자키 겐지'라고 부를 정도이다. 그래서 마치 다니자키가 젊은 날의 과오를 반성(?)하고 점잖은 고전의 세계로 귀의(?)한 것처럼 생각하기 쉬운데, 이 또한 일반적이면서 일면적이다.

왜 그러한지 잠시 후에 다시 설명하기로 하자. 다만 다니자키에 대한 다른 관점의 소개 글이 있어서 여기 인용해 본다. 2005년 가을, 한국에서도 노벨문학상 수상자가 나올 것 같다고 떠들던 무렵의 한 신문의 칼럼이다.

1968년 가와바타 야스나리가 일본인 최초로 노벨문학상 수상자로 뽑혔을 때 그는 "이 상의 절반은 사이덴스티커의 것"이라고 말했다. 미국인 사이덴스티커는 가와바타와 14년 동안 가깝게 지내며 그의 대표작《설국雪國》과《천우학千羽鶴》을 영어로 번역, 서구에 소개한 인물이다. (중략) 또 다른 일본 소설가 다니자키 준이치로의 작품도 번역했던 사이덴스티커는 다니자키가 1968년까지 살아 있었다면 그에게 노벨문학상이 갔을지 모른다고 말한다. 다니자키의 작품을 빼 버린다면 일본의 근대문학은 '꽃 없는 정원'이라는 것이다. 더구나 다니자키는 1958년 펄 벅에 의해 최초로 노벨문학상 후보로 추천된 이래 1965년 사망할 때까지 매년 후보에 올랐다. _ 김태익 일본 최초의 노벨문학상 수상자가 바뀔 뻔했다는 소식. 그 주인공은 바로 다니자키이다. 노벨상 수상이 문제가 아니라 그는 진정 일본 근대 문학의 '정원의 꽃'이라는 설명이다. 사이덴스티커가 다소 인상비평식으로 말했다 해도, 가와바타 야스나리와 다니자키 준이치로 두 사람을 모두 경험해 본 그의, 두 사람의 비교가 수반된 이 말은 우리에게 다니자키의 새로운 선입관을 심는 데 많은 시사점을 준다.

2

다니자키에 대한 일종의 오해는 우리만의 일이 아닌 듯하다. 그의 모국 일본에서조차 여러 이론이 존재한다.

앞서 소개한 소설 《치인의 사랑》은 뭐라 해도 다니자키의 대표작인데, 한 샐러리맨이 육감적인 여인과 결혼하여 서양식의 더욱 고혹적인 여성으로 훈련시켜 나간다는 착상부터, 당대 소설로는 눈에 띌 수밖에 없었던 특이한 작품이지만, 다니자키의 평소 성향과 맞물려 이에 대한 평가는 극과 극을 달린다. 먼저 혹평의 한 예를 들어본다.

다이쇼 풍속의 '하이칼라'한 면을 대표하는 기념비라고도 할 만한 이 소설에서, 적어도 그 '하이칼라'한 세상을 묘사한 부분이 오늘날 풍자적일 정도로 낡고 색바랜 인상을 주는 것은, 주인공의 천박한 '서양 숭배'의 감정을 작가가 그대로 긍정하고 있기 때문이라고 생각됩니다. _ 나카무라 미츠오, 〈다니자키 준이치로론〉과 스즈키 토미, 《이야기된 자기》에서 재인용하기야 서양식 훈련을 시킨다고 부인을 서양인들의 주거집단이나 모임에 내보내고, 백인의 피부를 사모하는 발언을 거침없이 내쏟으며, 결국 훈련시킨 부인을 감당 못할 지경에 이른다든지, 급기야 집을 뛰쳐나간 부인이 하릴없이 돌아와서도 서양에 대한 선망을 버리지 않고 있으니, 나카무라의 이 같은 평도 나올 만하다.

그러나 다니자키의 지론 그리고 이 소설을 좀더 깊이 읽어 본 사람은 전혀 다른 결론에 도달하고 있다.

무턱대고 근대화와 서양화를 지향하는 천박한 노력에 대해 나카무라 미츠오가 신경질적으로 반응한 것은 이해할 수 있다. 그러나 《치인의 사랑》에 대한 나카무라의 냉혹한 공격은, '진정한' 서양적 근대성에 대해 그 비판의 대상자보다 자신이 더 깊은 지식을 가지고 있다고 생각하는 위치에서 이루어진 것이다. 그렇다면 《치인의 사랑》이 아주 효과적으로 극화하고 있는, 서양화에 대해 조소하는 자와 조소당하는 자라는 구조적인 연쇄 속에 나카무라는 자신도 모르는 사이에 휩쓸린 셈이다. _ 스즈키 토미, 《이야기 된 자기》에서

문제의 핵심은 '조소'에 있다. 악인 역을 훌륭히 소화해 내는 배우를 보다 보면 당장이라도 칼을 들어 치고 싶은 심정이 드는 것처럼, 다니자키는 나카무라 앞에서 그토록 훌륭한 연기를 해냈다는 것이다.

나는 독자들께, 이 책에 실린 〈연애와 색정〉을 주의 깊게 다시 읽어 보라고 권하고 싶다. 관능미의 작가 다니자키가 쓴 연애론이라면 꽤나

진하겠군-이런 선입견을 가지고 있다면 이 글을 읽고 나서 무릎을 고쳐 앉아야 할 것이다. 그가 이해하고 있는 일본 역사 속의 여성 그리고 도도한 서양화 곧 근대화의 물결 속에서 왜곡되는 연애에 대해 이토록 적실히 설명한 경우를 우리는 다른 데서 쉽게 찾아볼 수 없다.

위의 글에서 다니자키는 '색기色氣'에 대해 이렇게 풀이한다. "방종하여 노골적이기보다 내부로 억제된 애정이 숨기려 해도 숨겨지지 않아서, 때로 무의식적으로 말씨나 몸짓 끝에 드러나는 것이 한층 남자의 마음을 이끈다. 색기라는 것은 대개 그런 애정의 뉘앙스이다." 그렇다면 이 색기는 우리로서는 여성이 가진 수줍음과 교태의 중간 또는 적당한 어울림이 아닌가 한다. 그리고 그런 여성에 대해 더 매력을 느끼기는 우리 또한 마찬가지일 것이다.

다니자키는 이 같은 인식을 바탕에 깔고 있다. 그것의 구현이 소설에서 나타났거니와, 하도 능청을 부려 자칫 독자를 속여 넘긴 그도, 산문에 와서는 자신의 속내를 여과 없이 보여주고 있다.

3

다니자키의 산문 가운데 〈그늘에 대하여〉원제 음예예찬는 단연 돋보이는 것으로, 국내에서는 이미 한 차례 번역되어 소개된 바 있다. 특히 그 가운데 일본 건축과 관련하여 그 특유의 아름다움과 본질을 설명한 부분이 매력적이어서, 주로 건축 계통에서 즐겨 읽고 인용되어 왔다. 그러나 건축은 다니자키가 이 글에서 밝히고자 한 일본미의 특질로서 그늘을 설명하는 하나의 예에 지나지 않는다.

다니자키는 일본미의 특질을 규명하면서, 그것이 능동적이거나 의도적이었다기보다, 생활과 환경에의 적응에서 오는 자연스러운 것이었음을 말하고 있다.

그러나 아름다움이라는 것은 언제나 생활의 실제로부터 발달하는 것으로, 어두운 방에 사는 것을 부득이하게 여긴 우리 선조는, 어느덧 그늘 속에서 미를 발견하고, 마침내는 미의 목적에 맞도록 그늘을 이용하기에 이르렀다.

'음예陰翳'라는 다소 생소한 용어를 굳이 써 가면서, 다니자키는 그늘이 드리운 일본 문화의 곳곳을 헤집고 다니고 있는데, 그렇게 된 본질은 생활의 실제에 있고, 그늘이 실제라면 거기에 순응하면서 아름다움을 만들어냈다 하여, 이것이 도리어 능동적이며 의도적이라면 그렇다는 인식이다.

변소에 관한 일련의 그의 글에서 이는 좀더 적극적으로 나타난다. 그가 말하는 일본의 전통적인 변소는, '한적한 벽과 청초한 나뭇결에 둘러싸여 푸른 하늘이나 신록의 색을 볼 수 있는 곳'이다. 그리고 그곳은 '어느 정도의 옅은 어두움과, 철저히 청결한 것과, 모기 소리조차 들릴 듯한 고요함이 필수조건인 것'인데, 다니자키는 '그런 변소에서 부슬부슬 내리는 빗소리 듣는 것을 좋아한다'고 고백한다.

우리나라 절에 가면 변소를 해우소解憂所라 써 놓는다. 근심 푸는 곳이라는 뜻이다. 요즈음 절에서는 좀체 보기 어려워졌지만, 예전에는 재래식 화장실을 쓰면서도 그곳이 그다지 불결하지 않고 한편 거름을 대주는 재활용의 공간이었으며, 효용은 나아가 한 가지 더 있었다. 해우소가 가진 비밀은 그 공간이 우리에게 주었던 정신적인 안식이다. 불결한 변소만을 떠올리지 마시라. 재래식 해우소를 예찬하는 어느 공학자는, "풀벌레 소리 들리는 해우소에 앉아, 창밖의 넉넉한 풍경을 바라보며, 똥이 들려주는 흙과 바람과 발소리와 햇살의 이야기를 듣고 싶다"고 말한다. 그가 다니자키의 '변소론'을 알고 있었는지 모르지만, 어쩌면 이토록 비슷한 생각일까, 잠시 놀란 적이 있다.

변소 가지고 이 어인 사치냐고 반문할 수 있겠다. 그러나 그런 공간을 만드는 것이 그다지 어려운 일이 아니었던 때의 이야기로 치부할 수 없는, 한 시대와 사회가 이룬 문화의 자장에 놓인 여러 장면들 가운데 하나였다면, 다니자키가 말한 그늘의 미학은 여기서 힘을 얻게 된다. 그것은 곧 그가 추구한 일본과 일본적인 것의 근거이다.

4

다니자키 준이치로의 산문은 그동안 소문으로 떠돌 뿐 일반 독자가 쉽게 접하지 못했다. 그것은 소설에 비해서도 현저했는데, 그의 소설을 좀더 가깝게 읽고 싶어서, 그리고 소설가다운 입담과 깊이 있는 성찰이며 공부로 일본 문화의 저변을 풀어 놓은 산문을 보고 싶어 하는 이들이 많은 것 같다. 아직 그만한 준비가 안 되어 있음에도 불구하고, 내가 '다니자키 번역'이라는 무모한 일을 감행한 변명이다.

가급적 다니자키가 구사한 어순은 물론이요 쉼표까지도 거의 그대로 옮겨보고자 했다. 그래서 자칫 우리말답지 못한 부분이 눈에 많이 띄는 것은 사실이지만, 번역을 하면 어떤 작가의 작품이라도 옮긴이의 문체로 통일된다는 관례에 나는 거부감을 가지고 있다. 장황하면 장황하고, 난삽하면 난삽한 대로 원문이 지닌 맛을 전하는 데 노력하였음을 밝힌다.

연세대 국학연구원의 교환교수로 와 있는 짓센實踐 여자대학의 이케다 미에코池田三枝子 교수에게 감사한다. 번역 과정에서 어려운 고유명사와 고전의 뜻풀이에 큰 도움을 받았다. 도쿄의 국제기독교대학에 유학 중인 이효정 씨에게 감사한다. 이 책 가운데 〈여행〉의 번역에 큰 도움을 받았다. 〈그늘에 대하여〉의 경우, 고 김지견 선생이 번역하여 《음예공간예찬》이라는 단행본으로 나온 바 있어, 이를 참고하면서 번역하였음을 밝힌다.

눌와의 전 편집자 고 박상미 씨가 어느 날 전화를 걸어와 《그늘에 대하여》의 번역을 부탁했다. 생면부지의 그이였다. 그의 진정어린 부탁이 결국 이 무모한 일에 발을 디디게 했지만, 정작 그이는 안타깝게도 이 책이 나오는 것을 보지 못한 채 이승을 등지고 말았다. 삼가 고인의 명복을 빈다.

_ 2005. 11

지은이와 옮긴이

다니자키 준이치로 谷崎潤一郎

1886년 도쿄에서 태어나 제1고등학교를 거쳐 도쿄대 국문학과에 입학하였으나 중퇴하였다. 1910년 제2차 〈신시쵸우新思潮〉를 창간하여 〈문신刺青〉, 〈기린〉 같은 작품을 발표하였는데, 나가이 가후永井荷風로부터 격찬을 받으며 문단에서 지위를 확립하였다. 대표작 〈치인痴人의 사랑〉을 비롯, 〈만지卍〉, 〈열쇠〉 등, 풍부한 관능미와 그늘 어린 고전미의 세계를 전개하여 늘 문단의 최고봉을 걸어가다, 1965년에 사망하였다. 그 사이에 《세설細雪》로 마이니치출판문화상과 아사히문화상을, 〈미친 노인의 일기〉로 마이니치예술대상을 받았고, 1949년에는 제8회 문화훈장을 받았다. 1941년 일본예술원 회원, 1964년 일본인으로서는 처음으로 미국문학예술아카데미의 명예회원에 뽑혔다. 특히 1920년대부터는 일본적인 전통미에 경도해, 왕조문학의 지취를 현대에 살려내는 새로운 경지를 열었다. 그가 현대어로 번역한 《겐지 모노가타리源氏物語》를 '다니자키 겐지谷崎源氏'라고 부를 정도이다.

고운기 高雲基

1961년 전남 보성에서 태어나, 한양대 국문학과와 연세대 대학원 국문학과를 졸업문학박사했다. 1983년 동아일보 신춘문예에 시가 당선되어 등단하였다. 1999년부터 일본 게이오慶應 대학 문학부 방문연구원으로 3년간 한국과 일본의 고시가를 비교 연구하였고, 연세대 국학연구원 연구교수를 거쳐 현재 한양대 교수로 있다. 시집으로 《밀물 드는 가을 저녁 무렵》, 《섬강 그늘》, 《나는 이 거리의 문법을 모른다》가 있으며, 그동안 지은 삼국유사 관련 연구서로 《일연》1997, 《삼국유사》2001, 《일연과 삼국유사의 시대》2001, 《우리가 정말 알아야 할 삼국유사》2002가 있고, 번역서로 《논어》시모무라 고진, 2003, 《한국, 1930년대의 눈동자》노무라 신이치, 2003가 있다.

그늘에 대하여

지은이. 다니자키 준이치로
옮긴이. 고운기

초판 1쇄 인쇄일. 2005년 11월 30일
초판 9쇄 인쇄일. 2022년 10월 30일

펴낸이. 김효형
펴낸곳. (주)눌와
등록번호. 1999.7.26. 제10-1795호
주소. 서울시 마포구 월드컵북로16길 51, 2층
전화. (02)3143-4633
팩스. (02)3143-4631
페이스북. www.facebook.com/nulwabook
블로그. blog.naver.com/nulwa
전자우편. nulwa@naver.com

책임편집. 최은실
표지, 본문 디자인. 타입페이지 www.typepage.com

편집. 김지수, 임준호, 김선미
디자인. 엄희란
제작진행. 공간
인쇄. 더블비
제본. 비춤바인텍

책값은 뒤표지에 표시되어 있습니다.

이 책 내용의 전부 또는 일부를 재사용하려면
반드시 저작권자와 눌와 양측의 동의를 받아야 합니다.

ⓒ눌와 2005
ISBN 89-90620-14-7   03830